JN023216

7つの
ステップでわかる

改訂版

税効果会計実務入門

税務経理協会

改訂版刊行にあたって

　この本の初版が平成26年10月1日に刊行されて以来6刷発行され，多くの公認会計士，上場企業や上場準備企業の経理部等の方に読まれ好評を得た。

　一方で，初版から約5年半が経過して，税効果会計に係る会計基準の適用指針（企業会計基準適用指針第28号），繰延税金資産の回収可能性に関する適用指針（企業会計基準適用指針第26号）等が公表され，税制改正もこの間幾度も行われたため，実務への役立ちが低減しつつある。

　そのため，今回，初版からの会計基準の改正や税制改正を全て反映させた改訂版を書くことでより実務に役立つ著書として今後も利用可能なものとした。

　多くの税効果会計実務及び税務実務に携わる方にとり本書が役に立てば幸いである。

令和2年5月

福留　聡

は じ め に

　この本の執筆趣旨は，税効果会計は税金と会計を結びつける会計であり，税金と会計両方の知識が必要にもかかわらず，法人税申告書及び地方税申告書と税効果会計のワークシート等を結びつけて解説している実務書がほとんどないことにある。

　そのため，本書の構成は，序章でそもそも税効果会計とは何なのかを解説し，1章で税効果会計の概要，2章以降設例をもとに，法人税申告書及び地方税申告書の作成方法，3章税効果会計基準の実務上のポイント，4章～10章で税効果会計の7つのステップを，STEP1～STEP7まで1章ずつを設けて，解説し，11章は，税効果会計に係る仕訳と財務諸表における表示の作成，12章は税効果会計に係る注記の作成，最後の13章で，設例で利用した全てのワークシートと法人税申告書及び地方税申告書の別表を掲載している。

　本書の特徴は，下記のとおりである。
① 税金計算前の決算書から，税金計算，税効果計算を反映した決算書を作成できるようになる。
② 税金（法人税及び地方税）及び税効果会計に係る全ての資料（法人税申告書及び地方税申告書，税効果会計の計算，税効果会計及び税金の仕訳，税効果会計の注記等）を作成できるようになる。
③ 税金（法人税及び地方税）の考え方を適切に理解することで，税効果会計の理解が深まる。
④ 法人税申告書の各種別表と税効果会計シートの繋がりがよく理解できる。
⑤ 全ての申告書及び税効果会計のワークシートがダウンロードでき，実務で実践的に活用できる。

本書は，税効果会計の入門書兼法人税申告書及び地方税申告書作成の入門書としての機能も有しており，公認会計士，税理士，上場企業や新規株式公開準備企業の経理担当者等を読者対象としている。読者の方がこの本を読んで設例を解き，解説を読めば，実際の実務において標準的な難易度のものであれ，法人税申告書，地方税申告書及び税効果会計の資料を容易に作成できるようになるものと自負している。

　多くの税効果会計実務及び税金実務に携わる方が本書を読んで，実務の資料の作成に役立つことを願っている。

平成26年8月

福留　聡

目　次

はじめに

| 第3章 | 税効果会計基準の実務上のポイント··············99 |

| 第4章 | 一時差異等を把握する····························101 |

| 第5章 | 法定実効税率を算定する··························109 |

| 第6章 | 回収可能性考慮前の繰延税金資産及び
繰延税金負債を算定する··························111 |

| 第7章 | 繰延税金資産の回収可能性の分類判定··········115 |

| 第8章 | 一時差異解消のスケジューリング··············129 |

| 第9章 | 回収可能性考慮後の繰延税金資産及び
繰延税金負債を算定する··························145 |

序章　そもそも税効果会計とは何なのか

　税効果会計は，新聞，テレビ等でよく聞く言葉だと思われるが，そもそも何なのか想像できるだろうか？

　税効果会計とは，税金がもたらす影響（効果）に関する会計手続であり，当期の所得に対して賦課される税金について，会計上，当期の費用とするか，翌期以降の費用とするかを適切に配分する手続である。

　税効果会計は具体的には，会計上の収益と費用，税法上の益金と損金の考え方の違いを調整する会計処理を行うことになる。

　会計上，純利益は税引前利益から法人税，住民税，事業税の税金を差し引くことで求められ，概ね，税金は利益に対して賦課されるが，実際には，税金は会計上の利益ではなく課税所得という税法上の利益に対して一定の割合で賦課される。会計上の利益と課税所得には下記のような差異がある。

$$
\begin{aligned}
\text{利益} &= \text{収益} - \text{費用} \\
\text{課税所得} &= \text{益金} - \text{損金}
\end{aligned}
$$

　上記算式から，収益と益金，費用と損金が一致すれば税引前利益に税率を掛ければ税金が求められるが，実際には益金にならない収益や，損金にならない費用があり，例として永久差異，一時差異がある。

　永久差異とは，収益，費用であっても税効果が認められないものであり，例えば，受取配当金は収益にはなるが，益金にはならない。

　配当金を支払った会社が税引前利益に課税された後に支払うものであるため，受領した配当金に課税すると二重課税になるからである。

　また，交際費，寄附金は一定額を超えると損金には認められないが，その理由は，交際費，寄附金は税金を支払いたくない経営者が交際費や寄附金としてお金を浪費すると公平な課税ができなくなるからである。

一時差異とは，費用計上と税効果の発生時期が異なる費用のことであり，例えば，取引先の会社からの売掛金が回収できず，倒産する可能性が高いという情報を得た場合に貸倒損失として損益計算書に計上した場合，税法では，会社が実際に倒産するまでは，貸倒損失を損金として認められないが，その後の期で取引先が実際に倒産して，税法上でも損金として認められる。

　上記の場合，費用計上した期は損金として認められないために費用＞損金になるが，その後の損金が認められた期間では，費用＜損金になる。

　上記のように，一時差異が発生する場合は，企業経営の実態をより正確に表すため，税効果会計により損益計算書上，税額を調整する必要がある。

　例えば，令和1年3月期と令和2年3月期で収益と費用が上記例の貸倒損失以外項目，金額とも同じとする。

　上記例の貸倒損失が令和1年3月期に会計上費用として計上されており，会計上の貸倒損失が税法上は，令和1年3月期には認められず，令和2年3月期に認められた場合，貸倒損失以外は同じ収益と費用であるにもかかわらず支払う税金が令和1年3月期と令和2年3月期で異なることになり，同じ経営実態にもかかわらず，純利益が異なることになる。

　そのため，実際の税額から調整をすることで，あたかも税引前利益に税金が賦課されているかのように調整して企業の実態をより正確に見せるための会計処理を行う必要がある。そのための手法が税効果会計であり，損益計算書に，法人税，住民税及び事業税の下に法人税等調整額という項目があり，これが税効果会計を反映するために調整するための科目になる。

　また，税効果会計を適用した場合，貸借対照表上に繰延税金資産と繰延税金負債という新たな科目が生じる。

　法人税等調整額がマイナスになった場合（納税額＞税効果会計での税額の場合），会計上は本来後で支払うべき税金を前倒しで支払っているため，貸借対照表の資産のところに繰延税金資産という項目に調整額を加算することになる。

　逆に，法人税等調整額がプラスになった場合（納税額＜税効果会計での税額の場合），会計上は本来支払うべき税金の支払を猶予してもらっていることにな

るので，貸借対照表の負債のところに繰延税金負債という項目に調整額を加算
する。

第1章 税効果会計の概要

1 税効果会計はなぜ必要か？

本書では，税効果会計の全体の実務の流れを重視して，法人税申告書及び地方税申告書から，注記を含め法人税，地方税及び税効果会計の全ての資料を作成できるようになることを目的としているが，まずは，税効果会計全体の概要を説明する。

税効果会計とは，法人税等の費用を適切に期間配分することにより，会計上の利益と税務上の課税所得の不一致を解消し，税引前当期純利益と法人税等を合理的に対応することを目的とする会計上の手続である。

上記を具体的に説明するために，**図表1-1** 税効果会計を適用しない損益計算書を参照されたい。法定実効税率を35％とすると，法人税等負担率が2期は70％，3期は0％と実際の法定実効税率から著しく乖離していることがわかる。

図表1-1　税効果会計を適用しない損益計算書

	1期	2期	3期
税引前当期純利益	100	100	100
法人税，住民税及び事業税	35	70	0
当期純利益	65	30	100
法人税等負担率	35%	70%	0%

乖離する原因は，会計上の税引前当期純利益と税務上の課税所得が乖離していることが原因である。

下記の**図表1-2**法人税，住民税及び事業税の税額計算を参照されたい。図表1-2のとおり，2期に会計上賞与引当金100が計上時に税務上否認され，3期に賞与の支払とともに2期に加算された賞与引当金100が税務上認容され，減算されていることがわかる。したがって，1期〜3期まで毎期税引前当期純利

益が100と同額にもかかわらず，課税所得及び法人税，住民税及び事業税が異なっていることがわかる。これは，税引前利益が同額であっても，課税所得の計算上，加算減算調整が行われているため，課税所得及び法人税，住民税及び事業税が各期で異なっている。

なお，説明を簡便化するため，法人税，住民税及び事業税に住民税均等割は考慮していない。

図表1-2　法人税，住民税及び事業税の税額計算

	1期	2期	3期
税引前当期純利益	100	100	100
（加算項目）			
賞与引当金否認		100	
（減算項目）			
賞与引当金認容			100
課税所得	100	200	0
法定実効税率35%	35%	35%	35%
法人税，住民税及び事業税	35	70	0
法人税等負担率	35%	70%	0%

これまでの解説から，税引前当期純利益とその期間の法人税，住民税及び事業税は必ずしも対応していないため，法人税，住民税及び事業税を適切に期間配分する必要がある。そのための方法が税効果会計であり，税金費用を適切に期間配分するため，法人税等調整額という名称を用いる。

下記図表1-3を参照されたい。税効果会計を適用し，法人税等調整額を計上することで，法人税，住民税及び事業税及び法人税等調整額の合計である税金費用は毎期35となり，税金費用の税引前純利益に対する割合である法人税等負担率は毎期35%になり，税引前当期純利益と対応する期間の税金費用の対応が税効果会計により達成されたことがわかる。

図表1-3　税効果会計を適用した損益計算書

	1期	2期	3期
税引前当期純利益	100	100	100
法人税，住民税及び事業税	35	70	0
法人税等調整額		− 35	35
当期純利益	65	65	65
法人税等負担率	35%	35%	35%

　具体的に税効果会計の仕訳であるが，2期，3期それぞれ下記のとおりとなる。

　　2期（借方）繰延税金資産　　35　　（貸方）法人税等調整額　　35
　　3期（借方）法人税等調整額　　35　　（貸方）繰延税金資産　　35

　2期に課税所得の計算上加算された賞与引当金100は，将来減算され課税所得を減らす効果があり，将来の法人税等の支払額を減額する効果もあり，法人税等の前払額に相当する。資産の性質を有するため繰延税金資産と呼ばれ，賞与引当金100に法定実効税率35％を乗じた結果算定された35について繰延税金資産として認識するとともに，3期以降の利益に対応する税金費用として2期の税金費用から減額する。

　3期は，2期において税務上加算された賞与引当金100が税務上減算されたため，税金が減額されたので，前払税金である繰延税金資産35を取り崩すとともに，税金費用35を増額する。

　なお，将来の法人税等の支払額の増額効果を有し，法人税等の未払額に相当する額は負債としての性格を有するので，繰延税金負債として認識される。

2　税効果会計基準の実務上のポイント

　税効果会計のポイントは，概ね下記の7ステップを検討することにある。

STEP1　一時差異等を把握する

STEP2　法定実効税率を算定する

STEP3　回収可能性考慮前の繰延税金資産及び繰延税金負債を算定する

STEP4　繰延税金資産の回収可能性の分類判定をする

STEP5　一時差異解消のスケジューリングを実施する

STEP6　回収可能性考慮後の繰延税金資産及び繰延税金負債を算定する

STEP7　税金費用のプルーフテストを行い，税金費用の妥当性を検証する

　この本の2章以降の構成は，一つの設例をもとに，2章「法人税申告書及び地方税申告書の作成方法」，3章「税効果会計基準の実務上のポイント」，4章STEP1「一時差異等を把握する」，5章STEP2「法定実効税率を算定する」，6章STEP3「回収可能性考慮前の繰延税金資産及び繰延税金負債を算定する」，7章STEP4「繰延税金資産の回収可能性の分類判定」をする，8章STEP5「一時差異解消のスケジューリング」を実施する，9章STEP6「回収可能性考慮後の繰延税金資産及び繰延税金負債を算定する」，10章STEP7「税金費用のプルーフテストを行い，税金費用の妥当性を検証する」という税効果会計実務の順序どおりに丁寧に解説を行う。簡単にここで，上記に記載した実務上の流れを解説する。

（1）　第2章　法人税申告書及び地方税申告書の作成方法

　第2章では，法人税申告書で作成される別表の中で，別表四，別表五（一）を中心に全ての法人税申告書及び地方税申告書の別表の作成方法を解説する。

　法人税の課税所得の計算は法人税申告書のうち，別表四で行われる。別表四（所得の金額の計算に関する明細書）は，当期利益又は当期欠損の額からスタートして，申告書調整項目及び欠損金等の当期控除額を反映させて，課税所得を算出する。別表五（一）（利益積立金額及び資本金等の額の計算に関する明細書）は，Ⅰ利益積立金額の計算に関する明細書（上段）とⅡ資本金等の額の計算に関する明細書（下段）からなり，これらは，税務上の貸借対照表（利益剰余金と資本金及び資本剰余金の部分）に位置づけられる。

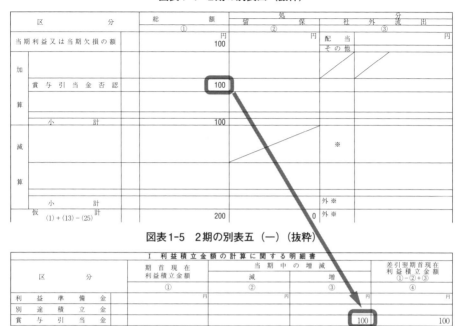

図表1-4　2期の別表四（抜粋）

図表1-5　2期の別表五（一）（抜粋）

　下記**図表1-4**, **1-5**を参照されたい。別表五（一）の税務調整項目である留保項目と呼ばれる将来の課税所得に影響を与える項目が**図表1-4**（別表四）から**図表1-5**（別表五（一））に転記される。賞与引当金否認100は，別表四の加算に記載された上で別表五（一）の当期の増減の増に記載されることがわかる。よって，**図表1-5**（別表五（一））の利益積立金残高を見ると，会計上の簿価と税務上の簿価の差異がわかる。

（2）　STEP1　一時差異等を把握する

　税効果会計は，一時差異を把握することから始まる。税効果会計に係る会計基準によると，一時差異とは，貸借対照表及び連結貸借対照表に計上されている資産及び負債の金額と課税所得計算上の資産及び負債の金額との差額をいう。一般的に以下のものが一時差異に該当する。

1. 収益又は費用の帰属年度が相違することから生ずる差額
2. 資産の評価替えにより生じた評価差額が直接資本の部に計上され，かつ，課税所得の計算に含まれていない場合の当該差額

　なお，税務上の繰越欠損金と，税務上の繰越外国税額控除は，一時差異ではないが，繰越期間に課税所得が生じた場合，課税所得を減額でき，その結果納付税額が減額されるため，税金の前払いの効果のある一時差異と同様の税効果を有するものとして取り扱う。

　一時差異には，当該一時差異が解消するときにその期の課税所得を減額する効果を持つ将来減算一時差異と，当該一時差異が解消するときにその期の課税所得を増額する効果を持つ将来加算一時差異がある。

　参考までに，永久差異とは，税引前当期純利益の計算において，費用又は収益として計上されるが，課税所得の計算上は，永久に損金又は益金に算入されない項目をいい，将来，課税所得の計算上で加算又は減算させる効果を持たないため，一時差異等には該当せず，税効果会計の対象とならない。

　第1章の設例の2期で発生した賞与引当金否認100は，2期に賞与引当金否認として加算され，3期には，賞与引当金認容として加算した金額と同額が減算されることで，将来の課税所得の減算効果があるので，将来減算一時差異として認識される。

（3）　STEP2　法定実効税率を算定する

　税効果会計は，一時差異に法定実効税率を乗じて繰延税金資産及び繰延税金負債が算定される。法定実効税率は，繰越外国税額控除に係る繰延税金資産を除き，繰延税金資産及び繰延税金負債の計算に使われる税率であり，事業税の損金算入の影響を考慮した税率になる。

　法定実効税率の法定とは，各会社が所在する国又は地域の法律で定められている税率を意味し，実効税率とは現実の納税者が負担する税額の課税標準に対する割合を意味する。

法定実効税率の算定式は以下のとおりである。

$$法定実効税率 = \frac{法人税率 + 法人税率 \times 住民税率 + 事業税率}{1 + 事業税率}$$

住民税率＝地方法人税率＋県(都)民税率＋市民税率
事業税率＝事業税率(超過税率)＋事業税率(標準税率)×特別法人事業税率
なお，事業税(標準税率)を適用している事業所は，
事業税率＝事業税率(標準税率)＋事業税率(標準税率)×特別法人事業税率

法定実効税率は，会社の規模，所在地により異なるため，各社それぞれ法定実効税率を算定することが必要となる。

（4）　STEP3　回収可能性考慮前の繰延税金資産及び繰延税金負債を算定する

STEP1で把握した一時差異等の額にSTEP2で算定した法定実効税率を乗じて回収可能性考慮前の繰延税金資産及び繰延税金負債を算定する。

具体的に設例のケースでは，**図表1-5**（別表五（一））の差引翌期首現在利益積立金額欄の賞与引当金100に法定実効税率35％を乗じて算定され，繰延税金資産は35となる。

（5）　STEP4　繰延税金資産の回収可能性の区分判定をする

繰延税金資産の回収可能性の区分判定を企業会計基準適用指針第26号「繰延税金資産の回収可能性に関する適用指針」をもとに行い，会社分類を第26号に従い5分類に分類する。

第26号に基づく判断を正しく行うためには，当期及び過去3期の経常利益，課税所得，将来減算一時差異，繰越欠損金の推移を整理する必要がある。

また，繰延税金負債についても，支払可能性を検討するが，事業休止等により，会社が清算するまでに明らかに将来加算一時差異を上回る損失が発生し，課税所得が発生しないことが合理的に見込まれる場合以外は支払可能性がある

ものとし繰延税金負債を認識する。

（6） STEP5　一時差異解消のスケジューリングを実施する

　一時差異解消のスケジューリング表をもとに繰延税金資産の回収可能性を検討する。

　スケジューリングを行う際，一時差異がどの期に解消するのかを合理的に見積もることができるスケジューリング可能な一時差異と合理的に見積もることができないスケジューリング不能な一時差異があり，この区別が，繰延税金資産の回収可能性を検討する際，重要な事項となる。**STEP4**繰延税金資産の回収可能性の区分判定に基づく5分類により，課税所得を見積もることができる期間が異なるが，スケジューリング不能な一時差異は原則として，会社分類1の場合を除き回収可能性がないものとみなされる。

（7） STEP6　回収可能性考慮後の繰延税金資産及び繰延税金負債を算定する

　税効果スケジューリング表で繰延税金資産の回収可能性で検討した結果をもとに，最終的に財務諸表で開示される繰延税金資産及び繰延税金負債を算定することである。

　すなわち，**STEP3**回収可能性考慮前の繰延税金資産及び繰延税金負債の算定の段階では，評価性引当額控除前繰延税金資産まで算定しており，これから，回収不能一時差異に法定実効税率を乗じて算定した評価性引当金を控除して算定したのが，回収可能性考慮後の繰延税金資産及び繰延税金負債となり，最終的に財務諸表で開示される繰延税金資産及び繰延税金負債が算定される。

　具体的に設例のケースの2期では，一時差異は，賞与引当金100のみであり，回収不能な一時差異はないとした場合，回収可能性考慮前の繰延税金資産と同様に回収可能性考慮後の繰延税金資産も35となる。

（8）　STEP7　税金費用のプルーフテストを行い，税金費用の妥当性を検証する

　最後に，税金費用のプルーフテストを行い，税金費用の妥当性を検証する。この税効果プルーフにより，法人税申告書及び地方税申告書で算定した法人税，住民税及び事業税と税効果会計で算定した法人税等調整額の算定の適切性を検証できる。

> 税金費用＝（税引前当期純利益＋（－）永久差異）×法定実効税率

　具体的に設例のケースの2期では，下記**図表1-6**のとおり，
　　　税金費用（35＝70－35）＝（税引前当期純利益100＋（－）永久差異0）
　　　　×法定実効税率（35％）＝35
となり，税金費用の計上額は適切であることがわかる。

図表1-6　税効果プルーフ

税引前当期純利益	100
永久差異項目	0
計	100
	↓ ×35％
	35
計	35
計（期待値）	35
計上額	
法人税，住民税及び事業税	70
法人税等調整額	－35
計	35
差異	0

3 2章以降の設例の前提

㈱福留聡の令和2年9月期の決算における税効果会計の計算を，税効果会計基準の実務上のポイントを7つのステップの順に従い説明するが，税効果会計実務を深く理解するために法人税申告書及び地方税申告書の作成方法の理解は不可欠であるため，先に，法人税申告書の別表四，別表五（一）を中心に，法人税申告書及び地方税申告書の作成方法から解説する。なお，福留聡株式会社は東京都に本社を有し，支店は有していないものとする。福留聡株式会社は青色申告書を設立から継続して提出しているものとする。

会社の概要
1. 会社名　福留聡株式会社
2. 納税地　本社　東京都文京区本郷 2-25-6-4061　（管轄：本郷税務署）
3. 電話番号　03-3817-7727
4. 代表者　代表取締役　福留　聡（フクドメ　サトシ）
5. 代表者住所　東京都文京区本郷 2-3-19-602
6. 経理責任者　福留儀重
7. 事業種目　サービス業
8. 資本金　500,000,000円
9. 発行済株式数　　1,000,000株
10. 株主
    福留　聡　　　　　　300,000株
    伊達　政宗　　　　　100,000株
    長宗我部　元親　　　 90,000株
    武田　信玄　　　　　 80,000株
    織田　信長　　　　　 80,000株
    毛利　元就　　　　　 80,000株
    豊臣　秀吉　　　　　 80,000株
    徳川　家康　　　　　 80,000株
    坂本　龍馬　　　　　 80,000株
    聖徳　太子　　　　　 30,000株
11. 事業年度　令和1年10月1日〜令和2年9月30日
12. 決算確定日　令和2年12月20日
13. 期末従事者数　10人

　法人税申告書及び地方税申告書作成の前提になるその他有価証券評価差額金を除く税効果会計適用前及び外形標準課税及び法人税，住民税及び事業税計上

前の貸借対照表，損益計算書，販売費及び一般管理費内訳書及び株主資本等変動計算書，注記表及び法人税申告書及び地方税申告書作成に必要な参考資料は下記のとおりである。

貸借対照表（その他有価証券評価差額金除く税効果会計適用前及び外形標準課税及び法人税，住民税及び事業税計上前）

令和2年9月30日現在

福留聡株式会社　　　　　　　　　　　　　　　　　　（単位：　　円）

科　目	金　額	科　目	金　額
流動資産	382,113,105	流動負債	200,145,000
現金及び預金	83,613,105	買掛金	100,145,000
売掛金	300,000,000	未払金	60,000,000
貸倒引当金	△1,500,000	賞与引当金	20,000,000
		未払消費税等	20,000,000
		固定負債	63,062,000
固定資産	617,886,895	退職給付引当金	50,000,000
有形固定資産	449,000,000	役員退職慰労引当金	10,000,000
建物	195,000,000	繰延税金負債	3,062,000
工具器具備品	4,000,000	負債合計	263,207,000
土地	250,000,000	株主資本	729,855,000
		資本金	500,000,000
		利益剰余金	229,855,000
		利益準備金	20,000,000
		その他利益剰余金	209,855,000
投資その他の資産	168,886,895	別途積立金	10,000,000
投資有価証券	100,000,000	繰越利益剰余金	199,855,000
繰延税金資産	68,886,895	評価・換算差額等	6,938,000
破産更生債権等	2,000,000	その他有価証券評価差額金	6,938,000
貸倒引当金	△2,000,000	純資産合計	736,793,000
資産合計	1,000,000,000	負債及び純資産合計	1,000,000,000

損益計算書（その他有価証券評価差額金除く税効果会計適用前及び中間納付除く外形標準課税及び法人税，住民税及び事業税計上前）

自　令和1年10月1日～至　令和2年9月30日

福留聡株式会社　　　　　　（単位：　　円）

科　目	金　額
売上高	1,000,000,000
売上原価	560,000,000

売上総利益	440,000,000
販売費及び一般管理費	200,000,000
営業利益	240,000,000
経常利益	240,000,000
特別損失	100,000,000
減損損失	100,000,000
税引前当期純利益	140,000,000
法人税, 住民税及び事業税	145,000
当期純利益	139,855,000

販売費及び一般管理費内訳書（外形標準課税計上前）

自　令和1年10月1日～至　令和2年9月30日

福留聡株式会社　　　　　（単位：　円）

科　　目	金　　額
役員報酬	20,000,000
給与手当	40,000,000
賞与引当金繰入額	20,000,000
退職給付費用	10,000,000
役員退職慰労引当金繰入額	2,000,000
法定福利費	8,000,000
福利厚生費	5,000,000
荷造運賃	4,000,000
広告宣伝費	1,000,000
寄附金	2,500,000
会議費	200,000
旅費交通費	2,500,000
通信費	1,000,000
消耗品費	200,000
事務用品費	400,000
修繕費	5,000,000
水道光熱費	2,000,000
新聞図書費	2,000,000
諸会費	2,000,000
支払手数料	28,000,000
地代家賃	24,000,000
保険料	5,000,000
租税公課	5,000,000

減価償却費	6,000,000
貸倒引当金繰入額	2,000,000
雑費	2,200,000
販売費及び一般管理費合計	200,000,000

株主資本等変動計算書に関する注記

（発行済株式の種類及び総数）

　　種類　　　　　　　　　　　普通株式

　　発行済株式の数　　　　　1,000,000株

（配当に関する事項）

（1）　配当金支払額

　　令和1年12月20日の定時株主総会において，次のとおり決議した。

　　株式の種類　　　　　　　普通株式

　　配当金の総額　　　　　　　　　　　　　　10,000,000円

　　配当の原資　　　　　　　利益剰余金

　　1株当たりの配当額　　　　10円

　　基準日　　　　　　　　　　　　　　令和1年9月30日

　　効力発生日　　　　　　　　　　　　令和1年12月20日

（2）　基準日が当期に属する配当のうち，配当の効力発生日が翌期となるもの

　　令和2年12月20日の定時株主総会において，次のとおり決議を予定している。

　　株式の種類　　　　　　　普通株式

　　配当金の総額　　　　　　　　　　　　　　12,000,000円

　　配当の原資　　　　　　　利益剰余金

　　1株当たりの配当額　　　　12円

　　基準日　　　　　　　　　　　　　　令和2年9月30日

　　効力発生日　　　　　　　　　　　　令和2年12月20日

1. 減価償却費に関する資料

当期末において保有する減価償却資産及びその償却費等は下記のとおりである。

(単位：円)

種　　類	建　物	器具備品
構造・用途	鉄筋コンクリート	金属製
細目	事務所	事務机
取得日	令和１年10月１日	令和１年10月１日
事業供用開始日	令和１年10月１日	令和１年10月１日
取得価額	200,000,000	5,000,000
期末帳簿価額		
税務上の減価償却方法	定額法	定率法
税務上の耐用年数	50年	15年
税務上の償却率	0.020	0.133
税務上の改定償却率		0.143
税務上の保証率		0.04565
税務上の減価償却限度額	4,000,000	665,000
会計上の耐用年数	40年	5年
会計上の減価償却方法	定額法	定額法
会計上の償却率	0.025	0.200
会計上の減価償却費計上額	5,000,000	1,000,000

建物の今後５年間の償却費	令和２年9月30日	令和３年9月30日	令和４年9月30日	令和５年9月30日	令和６年9月30日
税務上の減価償却費	4,000,000	4,000,000	4,000,000	4,000,000	4,000,000
会計上の減価償却費	5,000,000	5,000,000	5,000,000	5,000,000	5,000,000
償却超過額	1,000,000	1,000,000	1,000,000	1,000,000	1,000,000

40年間の償却超過額は40百万円は，会計上の償却終了後10年間毎年４百万円ずつ認容されていく。

器具備品の今後５年間の償却費	令和２年9月30日	令和３年9月30日	令和４年9月30日	令和５年9月30日	令和６年9月30日
税務上の減価償却費	576,555	499,873	433,390	375,749	325,775
会計上の減価償却費	1,000,000	1,000,000	1,000,000	1,000,000	0
償却超過額又は認容額（－）	423,445	500,127	566,610	624,251	− 325,775
償却保証額	228,250	228,250	228,250	228,250	228,250

2．貸倒引当金に関する資料

当期の破産更生債権等の繰入額は2,000,000円（福留商事株式会社），一般債権の貸倒引当金の繰入額は1,500,000円（貸倒実績率0.5％とする）である。

なお，前期の貸倒引当金繰入額は，一般債権のみの1,500,000円とする。また，前期，当期とも旧法人税法の規定により計算した損金算入限度額は0円である。

3．減損損失に関する資料

減損損失100,000,000円は全額土地にかかわるものである。

4．寄附金に関する資料

当期において支出した寄附金は以下のとおりである。

（1）国に対する寄附金　　　　　　　　　　500,000

　　（指定寄附金等）

（2）地元神社に対する祭礼の際の寄附金　　2,000,000

　　（その他の寄附金）

5．租税公課に関する資料

（1）当期の外形標準課税以外の租税公課に関する内訳は下記のとおりである。

　　①印紙税　　　　　　　　　　　　　1,000,000円

　　②固定資産税　　　　　　　　　　　4,000,000円

（2）当期の法人税，住民税，事業税の内訳は下記のとおりである。

　　①中間申告分法人税　　　　　　　　　　　　0円

　　②中間申告分道府県民税　　　　　　　145,000円

　　③中間申告分事業税　　　　　　　　　　　　0円

　　④未払法人税等の計上額　　　　　　46,299,800円

（3）未払法人税等の異動状況は次のとおりである。

　　①期首残高　　　　　　　　　　　　　290,000円

　　②前期確定法人税の納付　　　　　　　　　　0円

③前期確定道府県民税の納付 　　　　　　　△290,000円

④前期確定事業税の納付 　　　　　　　　　　0円

⑤期末見積計上額 　　　　　　　　46,299,800円

⑥期末残高 　　　　　　　　　　　46,299,800円

6. 外形標準課税に関する資料

（1）付加価値割算定のために必要な資料

報酬給与額	90,000,000円	全額　役員又は使用人に対する給与
純支払利子	0円	
純支払賃借料	24,000,000円	全額　事務所の家賃
税率	1.26%	

（2）資本割算定のために必要な資料

資本金	500,000,000円
税率	0.525%

7. 利益積立金に関する資料

当期首における別表五（一）の金額は次のとおりである。

①利益準備金	20,000,000
②別途積立金	10,000,000
③繰越損益金	70,000,000
④納税充当金	290,000
⑤未納法人税	0
⑥未納道府県民税	△290,000
⑦差引合計額	100,000,000

8. 事業税及び道府県民税に関する資料

（1）提出先 　　　　　　　　　東京都本郷都税事務所

（2）税率

事業税

年 400 万円以下	0.495％
年 400 万円超年 800 万円以下	0.835％
年 800 万円超	1.18％
特別法人事業税率	260％

道府県民税

法人税割	10.4％

（3）均等割額

年間	290,000 円

（4）中間納付額

事業税（所得割分）	0 円
事業税　特別法人事業税分	0 円
事業税　外形標準課税分	0 円
道府県民税　法人税割額	0 円
道府県民税　均等割額	145,000 円

9. 繰越欠損金に関する資料

繰越欠損金残高内訳

平成 30 年 10 月 1 日〜令和 1 年 9 月 30 日発生	145,473,532 円

　なお，最終的に開示される決算書作成と法人税申告書及び地方税申告書の作成プロセスは下記のとおりになり，本書も下記順序で解説する。

① 　損益計算書及び法人税及び地方税の計算に影響を与えないその他有価証券評価差額金を除く税効果会計適用前，外形標準課税及び法人税，住民税及び事業税計上前の決算書を作成する。

② 　①で作成した決算書をもとに法人税申告書及び地方税申告書を作成する。なお，この段階での法人税申告書及び地方税申告書は仮作成であるが，仮

作成した申告書によって，③，⑤で行う外形標準課税及び法人税，住民税及び事業税の仕訳及び税効果会計の仕訳をいれても，課税所得と納める税額は変わらない。

③　②で作成した法人税申告書及び地方税申告書をもとに外形標準課税及び法人税，住民税及び事業税の仕訳を計上する。

④　①で作成した決算書及び③で作成した外形標準課税及び法人税，住民税及び事業税の仕訳をもとにその他有価証券評価差額金を除く税効果会計適用前の決算書を作成する。

⑤　その他有価証券評価差額金を除く税効果仕訳を計上する。

その他有価証券評価差額金に係る税効果仕訳は，損益計算書及び法人税及び地方税の計算に影響を与えないため，既に①の決算書段階で計上されている。

⑥　最後に，最終的に有価証券報告書の財務諸表及び会社法計算書類の計算書類として開示される決算書を作成するとともに，法人税申告書及び地方税申告書も最終的に開示される決算書の貸借対照表，損益計算書，販売費及び一般管理費内訳書及び株主資本等変動計算書の当期純利益，法人税，住民税及び事業税，未払法人税，外形標準課税計上後の租税公課，繰延税金資産，繰延税金負債及び法人税等調整額をもとに計算し提出する必要があるため，最終的に税務署に提出する法人税申告書及び都道府県税事務所や市役所等に提出する地方税申告書を作成する。

第2章 法人税申告書及び地方税申告書の作成方法

1 法人税申告書及び地方税申告書作成の流れ

第2章では，第1章「税効果会計の概要」3の「2章以降の設例の前提」を
もとに法人税申告書及び地方税申告書の作成方法を解説する。

法人税申告書は，別表四で課税所得計算を行い，それを受けて別表一で税額
計算を行う。法人税申告書の作成は別表四と別表一が中心になる。別表四にお
ける調整項目には，減価償却の償却超過額，寄附金の損金不算入額等のように
それぞれ別表十六，別表十四において別表四以外において調整金額を算定して，
その金額を別表四に転記する項目と直接別表四で調整する項目がある。別表四
以外の別表で調整金額を算定する項目については，先にその該当する別表を作
成する必要がある。一方，直接別表四で調整する項目は，決算作業を通じてあ
らかじめ把握しておく必要がある。

また，会計上の利益剰余金にあたる利益積立金は別表五（一）を作成するこ
とにより算定する。別表五（一）は，会計上の利益と税務上の課税所得の差額
のうち，翌期以降に繰り越されていく項目が，別表四から転記されて作成され
る。税効果会計は，別表五（一）をもとに算定するため，別表五（一）は，税
効果会計を適用する上で，最も重要な別表である。

本設例では，別表四以外から転記してくる別表四の調整項目は下記のとおり
である。

・損金経理をした道府県民税（利子割を除く）及び市町村民税（別表五（二））

・減価償却の償却超過額（別表十六（一）及び別表十六（二））

・貸倒引当金限度超過額（別表十一（一の二）

・寄附金の損金不算入額（別表十四（二））

・欠損金又は災害欠損金等の当期控除額（別表七（一））

本設例における法人税申告書の作成の流れは下記のとおりになる。

① 別表四で課税所得の算定をする。別表四以外から転記してくる別表を作成し，別表四に転記する。通常別表四への記入と同時に別表五（一）に転記する。

② 別表一で税額計算をし，別表四及び別表一の情報をもとに地方税申告書を作成する。別表一で税額計算をする際に，別表二で留保金課税対象の特定同族会社に該当するか判定する。

③ 別表一で法人税を算定するとともに，地方税申告書で地方税を算定し，法人税及び地方税の金額を別表五（一）及び別表五（二）に転記し，利益積立金額を算定する。

2 別表四の作成方法

既に説明したように，別表四では，当期利益を出発点として課税所得を算定するが，別表四以外の別表で調整金額を算定して転記する項目と，直接別表四で調整する項目があり，ここでは，まず，直接別表四で調整する項目の調整方法と別表四の記載方法を解説する。なお，本書で利用している簡易様式の場合，通常よく利用される項目については既に記載されている。

（1） 賞与引当金

法人税法上は，債務は確定しない限り，損金に算入できないという債務確定主義をとるため，引当金の計上は，貸倒引当金，返品調整引当金が一定の要件を満たした場合に認められている場合を除き，認められておらず，賞与は従業員に賞与を支給した段階で損金算入が認められる。

① 会計処理
（ i ） 賞与支給時

（借方）賞 与 引 当 金　10,000,000　　（貸方）賞与引当金戻入益　10,000,000
（借方）賞　　　　　与　10,000,000　　（貸方）現 金 及 び 預 金　10,000,000

（ⅱ）　賞与引当金計上時

（借方)賞与引当金繰入額　20,000,000　　（貸方)賞 与 引 当 金　20,000,000

②　税 務 処 理

（ⅰ）　賞与支給時

（借方)賞　　　　　　与　10,000,000　　（貸方)現 金 及 び 預 金　10,000,000

（ⅱ）　賞与引当金計上時

　　仕訳なし

③　税 務 調 整

会計処理と税務処理の差異を別表四で調整する。

（ⅰ）　賞与支給時

（借方)賞与引当金戻入益　10,000,000　　（貸方)賞 与 引 当 金　10,000,000

　　※　（借方）賞与引当金戻入益10,000,000円⇒別表四で賞与引当金当期認容
　　　　として減算する。

（ⅱ）　賞与引当金計上時

（借方)賞 与 引 当 金　20,000,000　　（貸方)賞与引当金繰入額　20,000,000

　　※　（貸方）賞与引当金繰入額20,000,000円⇒別表四で賞与引当金繰入額と
　　　　して加算する。

（2）　退職給付引当金

　法人税法上は，債務は確定しない限り，損金に算入できないという債務確定主義をとるため，引当金の計上は，貸倒引当金，返品調整引当金が一定の要件を満たした場合に認められている場合を除き，認められておらず，退職給付引当金は，退職一時金の場合は従業員に退職金を支給した段階で損金算入が認められ，企業年金の場合は，掛金を拠出した段階で損金算入が認められる。

① 会計処理

（ⅰ） 退職一時金支給時又は掛金拠出時

（借方）退職給付引当金　20,000,000　　（貸方）退職給付引当金　20,000,000
　　　　　　　　　　　　　　　　　　　　　　戻　入　益

（借方）退職給付費用　20,000,000　　（貸方）現金及び預金　20,000,000

（ⅱ） 退職給付引当金計上時

（借方）退職給付費用　10,000,000　　（貸方）退職給付引当金　10,000,000

② 税務処理

（ⅰ） 退職一時金支給時又は掛金拠出時

（借方）退職給付費用　20,000,000　　（貸方）現金及び預金　20,000,000

（ⅱ） 退職給付引当金計上時

　　仕訳なし

③ 税務調整

会計処理と税務処理の差異を別表四で調整する。

（ⅰ） 退職一時金支給時又は掛金拠出時

（借方）退職給付引当金　20,000,000　　（貸方）退職給付引当金　20,000,000
　　　　戻　入　益

※ （借方）退職給付引当金戻入益20,000,000円⇒別表四で退職給付引当金
　　当期認容として減算する。

（ⅱ） 退職給付引当金計上時

（借方）退職給付引当金　10,000,000　　（貸方）退職給付費用　10,000,000

※ （貸方）退職給付費用10,000,000円⇒別表四で退職給付費用として加算
　　する。

（3）　役員退職慰労引当金

　法人税法上は，債務は確定しない限り，損金に算入できないという債務確定主義をとるため，引当金の計上は，貸倒引当金，返品調整引当金が一定の要件を満たした場合に認められている場合を除き，認められておらず，役員退職慰労引当金は，法人が役員に支給する退職金で適正な額のものは，損金の額に算入され，役員退職金の損金算入時期は，原則として，株主総会の決議等によって退職金の額が具体的に確定した日の属する事業年度となる。

　ただし，法人が退職金を実際に支払った事業年度において，損金経理をした場合は，その支払った事業年度において損金の額に算入することも認められる（法法34，法令70，平18改正法附則23，法基通9-2-28～29）。

①　会計処理

（ⅰ）　役員退職慰労引当金計上時

（借方）役員退職慰労引当金繰入額　2,000,000　　（貸方）役員退職慰労引当金　2,000,000

②　税務処理

（ⅰ）　役員退職慰労引当金計上時

　　仕訳なし

③　税務調整

会計処理と税務処理の差異を別表四で調整する。

（ⅰ）　役員退職慰労引当金計上時

（借方）役員退職慰労引当金　2,000,000　　（貸方）役員退職慰労引当金繰入額　2,000,000

　　※（貸方）役員退職慰労引当金繰入額2,000,000円⇒別表四で役員退職慰労引当金繰入額として加算する。

（4） 土地減損損失

法人税法上は，固定資産の評価損は原則として損金不算入とされ，例外的に損金算入が認められている。

固定資産について評価損の損金算入が認められるのは，①災害により著しく損傷したこと，②1年以上にわたり遊休状態にあること，③本来の用途に使用することができないため他の用途に使用されたこと，④所在する場所の状況が著しく変化したこと，⑤会社更生法等による更生手続の決定等で評価換えをする必要が生じたこと等といった特別の事実がある場合に限られている。

したがって，固定資産の減損損失は，これらの場合に該当しないと考えられ，税務上は損金不算入となり，固定資産の減損損失は売却又は減価償却により損金算入されるが，土地は非償却資産であるため，売却した時に損金算入される。

① 会計処理
（ⅰ） 土地減損損失計上時

（借方）土地減損損失　100,000,000　　（貸方）土　　　　地　100,000,000

② 税務処理
（ⅰ） 土地減損損失計上時

仕訳なし

③ 税務調整
会計処理と税務処理の差異を別表四で調整する。

（ⅰ） 土地減損損失計上時

（借方）土　　　　地　100,000,000　　（貸方）土地減損損失　100,000,000

（貸方）土地減損損失100,000,000円⇒別表四で土地減損損失として加算する。

　ここまでの説明で下記のとおり，別表四に直接記入する項目の加減算金額が決まった。

（加算項目）

賞与引当金繰入額	20,000,000円
退職給付費用	10,000,000円
役員退職慰労引当金繰入額	2,000,000円
土地減損損失	100,000,000円

（減算項目）

賞与引当金当期認容	10,000,000円
退職給付引当金当期認容	20,000,000円

　これらを別表四に記入すると下記のとおりになり，囲みの部分が記載できる。

所得の金額の計算に関する明細書（簡易様式）

| 事業年度 | 令和1・10・1 令和2・9・30 | 法人名 | 福留聡株式会社 |

区　　　分		総　　額	処　　　　　分		
			留　　保	社　外　流　出	
		①	②	③	
当期利益又は当期欠損の額	1	139,855,000 円	129,855,000 円	配　当	10,000,000 円
				その他	
加算	損金経理をした法人税及び地方法人税（附帯税を除く。）	2				
	損金経理をした道府県民税及び市町村民税	3	145,000	145,000		
	損金経理をした納税充当金	4				
	損金経理をした附帯税（利子税を除く。）、加算金、延滞金（延納分を除く。）及び過怠税	5			その他	
	減価償却の償却超過額	6	1,335,000	1,335,000		
	役員給与の損金不算入額	7			その他	
	交際費等の損金不算入額	8			その他	
	貸倒引当金限度超過	9	3,500,000	3,500,000		
	次葉紙合計	10	132,000,000	132,000,000		
	小　　　　　計	11	136,980,000	136,980,000		
減算	減価償却超過額の当期認容額	12				
	納税充当金から支出した事業税等の金額	13				
	受取配当等の益金不算入額（別表八（一）「13」又は「26」）	14			※	
	外国子会社から受ける剰余金の配当等の益金不算入額（別表八（二）「26」）	15			※	
	受贈益の益金不算入額	16			※	
	適格現物分配に係る益金不算入額	17			※	
	法人税等の中間納付額及び過誤納に係る還付金額	18				
	所得税額等及び欠損金の繰戻しによる還付金額等	19			※	
	次葉紙合計	20	30,000,000	30,000,000		
	小　　　　　計	21	30,000,000	30,000,000	外※	
仮　　　計 (1)+(11)-(21)	22	246,835,000	236,835,000	外※	10,000,000
関連者等に係る支払利子等の損金不算入額（別表十七（二の二）「24」又は「29」）	23			その他	
超過利子額の損金算入額（別表十七（二の三）「10」）	24	△		※	△
仮　　　計 (22)から(24)までの計	25	246,835,000	236,835,000	外※	10,000,000
寄附金の損金不算入額（別表十四（二）「24」又は「40」）	27			その他	
法人税額から控除される所得税額（別表六（一）「6の③」）	29	129,157		その他	129,157
税額控除の対象となる外国法人税の額（別表六（二の二）「7」）	30			その他	
分配時調整外国税相当額及び外国関係会社等に係る控除対象所得税額等相当額（別表六（五の二）「5の②」＋別表十七（三の十二）「1」）	31			その他	
合　　　計 (25)+(27)+(29)+(30)+(31)	34	246,964,157	236,835,000	外※	10,129,157
契約者配当の益金算入額（別表九（一）「13」）	35				
中間申告における繰戻しによる還付に係る災害損失欠損金額の益金算入額	37			※	
非適格合併又は残余財産の全部分配等による移転資産等の譲渡利益額又は譲渡損失額	38			※	
差　　　引　　　計 (34)+(35)+(37)+(38)	39	246,964,157	236,835,000	外※	10,129,157
欠損金又は災害損失金等の当期控除額（別表七（一）「4の計」＋（別表七（三）「9」若しくは「21」又は別表七（四）「10」）	40	△ 123,482,078		※	△ 123,482,078
総　　　計 (39)+(40)	41	123,482,079	236,835,000	外※	△ 123,482,078 10,129,157
新鉱床探鉱費又は海外新鉱床探鉱費の特別控除額（別表十（三）「43」）	42	△		※	△
残余財産の確定の日の属する事業年度に係る事業税の損金算入額	46	△	△		
所得金額又は欠損金額	47	123,482,079	236,835,000	外※	△ 123,482,078 10,129,157

| 所得の金額の計算に関する明細書（次葉紙） | | 事業年度 | 令和1 ・10・1
令和2 ・9 ・30 | 法人名 | 福留聡株式会社 | 別表四（次葉紙） |

区　　　分		総　　額	処		分	
			留　　保	社　外　流　出		
		①	②	③		
賞 与 引 当 金 繰 入 額	1	20,000,000 円	20,000,000 円			円
退 職 給 付 費 用	2	10,000,000	10,000,000			
土 地 減 損 損 失	3	100,000,000	100,000,000			
役員退職慰労引当金繰入額	4	2,000,000	2,000,000			
加	5					
	6					
	7					
	8					
	9					
	10					
	11					
	12					
	13					
算	14					
	15					
	16					
	17					
	18					
	19					
	20					
小　　　　計	21	132,000,000	132,000,000			
賞 与 引 当 金 当 期 認 容	22	10,000,000	10,000,000			
退職給与引当金取崩超過	23	20,000,000	20,000,000			
	24					
	25					
	26					
	27					
	28					
減	29					
	30					
	31					
	32					
	33					
	34					
算	35					
	36					
	37					
	38					
	39					
	40					
	41					
小　　　　計	42	30,000,000	30,000,000	外※		

3　別表五（一）の作成方法

　別表五（一）（利益積立金額及び資本金等の額の計算に関する明細書）は，法人税法第2条第18号（利益積立金）に規定する利益積立金額及び法人税法第2条第16号（資本金等の額）に規定する資本金等の額を計算するために使用する。

　別表五（一）は，Ⅰ利益積立金額の計算に関する明細書（上段）とⅡ資本金等の額の計算に関する明細書（下段）の2つに分かれており，税務上の貸借対照表（利益剰余金，資本金及び資本剰余金）に該当するものであり，税効果会計の計算は，この別表五（一）を用いて計算されるため，税効果会計を理解するために別表四と並び重要な別表となる。

（1）　Ⅰ利益積立金額の計算に関する明細書作成方法

　利益積立金は，会計上の利益剰余金に該当し，差引翌期首現在利益積立金額差引合計額（別表五（一）の31④）＝期首現在利益積立金額差引合計額（別表五（一）の31①）＋所得金額又は欠損金額の留保所得金額又は欠損金額（別表四47）－中間及び確定の未納法人税，未納道府県民税，未納市町村民税の当期増減の増の合計額（別表五（一）の28③，29③及び30③）又は，差引翌期首現在利益積立金額差引合計額（別表五（一）の31④）＝期首現在利益積立金額差引合計額（別表五（一）の31①）＋当期増減の増の差引合計額（別表五（一）の31③）－当期増減の減の差引合計額（別表五（一）の31②）で算定される。

　具体的に別表五（一）の転記は，下記の期首現在利益積立金額①は前期末の④差引翌期首現在利益積立金額を転記し，当期増減は，別表四のうち留保欄に記入したものについて（ただし，当期純利益と租税公課関係は除く），原則として期首現在利益積立金額①を解消する項目は当期増減の減②に，新たに生じた項目は，当期増減の増③に転記する。また，利益準備金，別途積立金等利益剰余金項目は，当期中の増減を株主資本変動計算書から当期増減②③に転記する。

期 首 現 在 利 益 積 立 金 額	当　期　の　増　減		差引翌期首現在 利 益 積 立 金 額
	減	増	
①	②	③	④

　なお，退職給付引当金，賞与引当金，役員退職慰労引当金とも税務上は全額否認されるため，期首現在利益積立金額①は前期末貸借対照表の引当金残高に，差引翌期首現在利益積立金額④は当期末貸借対照表の引当金残高と一致する。

　次に本設例において，利益準備金，別途積立金等利益剰余金項目について別表五（一）（一部抜粋）に転記すると下記のとおりになる。

　別表五（一）期首現在利益積立金額①は株主資本等変動計算書の当期首残高と一致し，別表五（一）差引翌期首現在利益積立金額④は株主資本等変動計算書の当期末残高と一致する。

　本設例では該当がないが，株主資本等変動計算書の利益剰余金に係る期中増減のうち，剰余金の配当及び繰越利益剰余金以外の事項を別表五（一）当期増減の減②，当期増減の増③に転記する。

　株主資本等変動計算書の繰越利益剰余金期首残高を別表五（一）繰越損益金欄の当期増減の減②に転記し，繰越利益剰余金期末残高を別表五（一）繰越損益金欄の当期増減の増③に転記する。

（2）　Ⅱ資本金等の額の計算に関する明細書作成方法

　資本金等の額は，会計上の資本金及び資本剰余金に該当し，基本的には，会計上の資本金及び資本剰余金と一致するが，組織再編等特殊な場合に差異が生じることから，本明細書で税務上の資本である資本金等の額を把握することが必要となる。

　資本金等の額は，差引翌期首現在資本金等の額④＝期首現在資本金等の額①＋当期増減の増③－当期増減の減②で算定される。

　本設例では，資本金のみで，別表五（一）（一部抜粋）に転記すると下記とお

りになり，期首現在資本金等の額①には，前期末の差引翌期首現在資本金等の額④の金額を，当期増減の減②には，当期において生じた資本金等の額から減算する金額を，当期増減の増③には，当期において生じた資本金等の額に加算する金額を，株主資本等変動計算書から転記する。

4 別表十一（一の二）の作成方法

別表四以外の別表で調整金額を算定して転記する項目について，説明する。最初に，別表十一（一の二）一括評価金銭債権に係る貸倒引当金の損金算入に関する明細書について説明する。

貸倒引当金制度について，平成23年12月の税制改正で，適用法人が下記法人に限定された上で，(3) の法人については，その法人が有する金銭債権のうち特定の金銭債権以外のものが貸倒引当金の対象債権から除外された（売買があったものとされるリース資産の対価の額に係る金銭債権のみが貸倒引当金の対象となった）。

(1) 中小法人等（資本金5億円以上の大法人の完全子会社等を除く）

(2) 銀行，保険会社その他これらに準ずる法人

(3) 売買があったものとされるリース資産の対価の額に係る金銭債権を有する法人等（上記 (1) 又は (2) に該当する法人を除く）

本設例の参考資料2. 貸倒引当金に関する資料に基づき解説する。

① 会計処理

（ⅰ） 貸倒引当金の前期戻入と当期繰入

（借方）貸倒引当金(流動) 1,500,000　　（貸方）貸倒引当金戻入益 1,500,000

（借方）貸倒引当金繰入額 3,500,000　　（貸方）貸倒引当金(流動) 1,500,000

　　　　　　　　　　　　　　　　　　　（貸方）貸倒引当金(固定) 2,000,000

② **税 務 処 理**

（ⅰ）　貸倒引当金の前期戻入と当期繰入

　　　仕訳なし

③ **税 務 調 整**

会計処理と税務処理の差異を別表四で調整する。

（ⅰ）　貸倒引当金の前期戻入と当期繰入

　　（借方）貸倒引当金戻入益　1,500,000　　　　（貸方）貸倒引当金(流動)　1,500,000

※　（借方）貸倒引当金戻入益1,500,000円⇒別表四で貸倒引当金当期認容額
　　　として減算する。

　　（借方）貸倒引当金(流動)　1,500,000　　　（貸方）貸倒引当金繰入額　3,500,000
　　（借方）貸倒引当金(固定)　2,000,000

　※　（貸方）貸倒引当金繰入額3,500,000円⇒別表四で貸倒引当金限度超過
　　　　額として加算する。

　別表十一（一の二）に記載すると下記のとおりになる。損金算入限度額は0
円であるため，繰入限度額の欄には記載せず，当期繰入額1のみに当期繰入額
3,500,000円が記載され，この金額が，別表四に加算の貸倒引当金限度超過額と
して転記される。

① 一括評価金銭債権に係る貸倒引当金の損金算入に関する明細書

事業年度又は連結事業年度	令和1・10・1 令和2・9・30	法人名	福留聡株式会社

繰入限度額の計算

当　期　繰　入　額	1	円 3,500,000	
期末一括評価金銭債権の帳簿価額の合計額 (24の計)	2	300,000,000	
貸　倒　実　績　率 (17)	3		
実質的に債権とみられないものの額を控除した期末一括評価金銭債権の帳簿価額の合計額 (26の計)	4	円 300,000,000	
法　定　の　繰　入　率	5	———— 1,000	
繰　入　限　度　額 ((2)×(3)) 又は ((4)×(5))	6	円 0	
公益法人等・協同組合等の繰入限度額 (6)× 102、104、106、108又は110	7		
繰　入　限　度　超　過　額 (1) － ((6)又は(7))	8	3,500,000	

貸倒実績率の計算

前3年内事業年度(設立事業年度である場合には当該事業年度又は連結事業年度)末における一括評価金銭債権の帳簿価額の合計額 (9)	9	円
前3年内事業年度における事業年度及び連結事業年度の数	10	
令第96条第6項第2号イの貸倒れによる損失の額の合計額	11	
損金の額に算入された令第96条第6項第2号ロの金額の合計額	12	
損金の額に算入された令第96条第6項第2号ハの金額の合計額	13	
益金の額に算入された令第96条第6項第2号ニの金額の合計額	14	
貸倒れによる損失の額等の合計額 (11)＋(12)＋(13)－(14)	15	
(15)× 12 / 前3年内事業年度における事業年度及び連結事業年度の月数の合計	16	
貸　倒　実　績　率 (16)/(10) (小数点以下4位未満切上げ)	17	

一括評価金銭債権の明細

勘定科目	期末残高	売掛債権等とみなされる額及び貸倒否認額	(18)のうち税務上貸倒れがあったものとみなされる額及び貸倒債権とみなさないものの額	個別評価の対象となった売掛債権等の額並びに非適格合併等により合併法人等に移転する売掛債権等の額	法第52条第1項第3号に該当する法人の令第96条第9項の金銭債権以外の金銭債権の額	連結完全支配関係がある連結法人に対する売掛債権等の額	期末一括評価金銭債権の額 (18)＋(19)－(20)－(21)－(22)－(23)	実質的に債権とみられないものの額	差引期末一括評価金銭債権の額 (24)－(25)
	18	19	20	21	22	23	24	25	26
	円 300,000,000	円	円	円	円	円	円 300,000,000	円	円 300,000,000
計	300,000,000						300,000,000		300,000,000

基準年度の実績により実質的に債権とみられないものの額を計算する場合の明細

平成27年4月1日から平成29年3月31日までの間に開始した各事業年度末の一括評価金銭債権の額の合計額	27	円	
同上の各事業年度末の実質的に債権とみられないものの額の合計額	28		

債権からの控除割合 (28)/(27) (小数点以下3位未満切捨て)	29		
実質的に債権とみられないものの額 (24の計)×(29)	30	円	

36

　また，別表四の数字を別表五に転記すると流動及び固定の貸倒引当金期首残高を別表五（一）貸倒引当金欄の当期増減の減②に転記し，貸倒引当金期末残高を別表五（一）貸倒引当金欄の当期増減の増③に転記し，差引翌期首現在利益積立金額④は流動及び固定の当期末貸借対照表の引当金残高と一致する。

5　別表十四（二）の作成方法

　寄附金は，支出に対する見返りがないため費用性に乏しく，また相手方に対する利益分配の性格が強いため全額を損金算入すべきではない一方，事業との関連性がある寄附金もあるため，一定額の損金算入を認めている。

　法人税法上の寄附金は，現実に金銭等により支払がなされた時（金銭以外の資産の場合は引渡の日又は所有権移転の日）をもって損金の額を認識する現金主義を採用している。

　本設例の参考資料4．寄附金に関する資料に基づき解説する。

　なお，本設例においては，販売費及び一般管理費に計上されている寄附金2,500,000円は全て当期中に支出されている。

　本設例の寄附金のうち，500,000円は，国等に対する寄附金及び指定寄附金（指定寄附金等）は全額が損金算入され，2,000,000円は，その他の寄附金であり，一般寄附金の損金算入限度額を超える部分の金額は損金に算入されない（法法37①③）。

　一般寄附金の損金算入限度額は，企業規模から判断される資本基準と法人の支払能力から判断される所得基準を平均的に用いることにより計算される。

　〔一般寄附金の損金算入限度額〕＝〔資本金等の額×12分の当期の月数
　　×1,000分の2.5＋所得の金額×100分の2.5〕×4分の1

　なお，上記算式の所得とは，別表四所得金額仮計（246,835,000円）＋支出した寄附金の額（2,500,000円）の合計である。

　本設例のケースで，上記算式をもとに損金算入限度額を計算すると，

　〔一般寄附金の損金算入限度額〕＝〔500,000,000円×12/12×2.5/1,000

＋249,335,000円×2.5/100〕×1/4＝1,870,843円

　したがって，本設例における寄附金全体の損金不算入額は，

　支出寄附金（2,500,000円）－指定寄附金等（500,000円）－一般寄附金の損金

　算入限度額（1,870,843円）＝損金不算入額（129,157円）

と算定される。

　なお，仕訳にして寄附金の税務調整を考えると下記のとおりになる。

①　会 計 処 理

（ⅰ）　寄附金の計上時

　（借方）寄　　附　　金　2,500,000　　（貸方）現 金 及 び 預 金　2,500,000

②　税 務 処 理

（ⅰ）

　（借方）寄　　附　　金　2,370,843　　（貸方）現 金 及 び 預 金　2,500,000

　（借方）寄 附 金 否 認　　129,157

③　税 務 調 整

会計処理と税務処理の差異を別表四で調整する。

（ⅰ）　寄附金の計上時

　（借方）寄 附 金 否 認　129,157　　（貸方）寄　　附　　金　129,157

　　※　（貸方）寄附金129,157円⇒別表四での寄附金の損金不算入額として加

　　　　算する。

　なお，（借方）寄附金否認129,157円は会計上の寄附金計上額と税務上損金算

入できる寄附金の額を便宜上調整しているだけで，現実的には上記のような仕

訳は起こせない。

　これまで説明した税務調整項目は，別表四で留保欄②に記入し，留保欄②の

金額は，会計上の利益剰余金にあたる利益積立金を構成し，別表五（一）Ⅰに

転記されていた。留保項目は，主として税務と会計の一時的な期ずれであり，税効果会計における一時差異となるが，寄附金は，社外流出欄③に記入され，主として永久差異となる。社外流出は，当期利益のうち，配当金等のように社外に流出した項目や，寄附金のように資金の流出があるにもかかわらず加算調整された項目や，資金の流入があったにもかかわらず減算調整された項目（課税外収入と呼ばれる）が転記される。

　それでは，本設例における別表十四（二）の記載方法を解説する。

　まず，下段の指定寄附金等に関する明細に寄附した日，寄附先，寄附金の使途，寄附金額500,000円を記載する。なお，指定寄附金については財務省の告示した番号を記載するが，国又は地方公共団体に対する寄附金については，告示番号は記載不要である。

　指定寄附金等に関する明細記載後，支出した寄附金の額の項目1指定寄附金等の金額に500,000円，項目3その他の寄附金額に2,000,000円を記載する。

　支出した寄附金の額の合計2,500,000円と項目7所得金額仮計（別表四25の①）246,835,000円を合計して項目8寄附金支出前所得金額249,335,000円を記載し，これに2.5/100を乗じて項目9を算出する（6,233,375円）。

　また，項目10期末の資本金等の額500,000,000円×当期の月数12/12×2.5/1,000により項目12を算出する（1,250,000円）。

　項目1指定寄附金等の金額500,000円を項目18に記載し，項目20に支出した寄附金の合計額2,500,000円を記載し，項目21及び24を記載して損金不算入額129,157円を算出する。

　損金不算入額129,157円は，別表四項目26寄附金の損金不算入額及び③社外流出その他に転記され，社外流出の場合は，別表五（一）には転記されない。

　別表十四（二）に記載すると下記のとおりになる。

事業年度	令和1・10・1 令和2・9・30	法人名	福留聡株式会社

公益法人等以外の法人の場合

一般寄附金の損金算入限度額の計算	支出した寄附金の額	指定寄附金等の金額 (41の計)	1	500,000円
		特定公益増進法人等に対する寄附金額 (42の計)	2	
		その他の寄附金額	3	2,000,000
		計 (1)+(2)+(3)	4	2,500,000
		完全支配関係がある法人に対する寄附金額	5	
		計 (4)+(5)	6	2,500,000
	所得金額仮計 (別表四「25の①」+「26の①」)		7	246,835,000
	寄附金支出前所得金額 (6)+(7) (マイナスの場合は0)		8	249,335,000
	同上の 2.5又は5.0/100 相当額		9	6,233,375
	期末の資本金等の額 (別表五(一)「36の④」) (マイナスの場合は0)		10	500,000,000
	同上の月数換算額 (10)×12/12		11	500,000,000
	同上の 2.5/1,000 相当額		12	1,250,000
	一般寄附金の損金算入限度額 ((9)+(12))×1/4		13	1,870,843
特定公益増進法人等に対する寄附金の特別損金算入限度額の計算	寄附金支出前所得金額の 6.25/100 相当額 (8)× 6.25/100		14	15,583,437
	期末の資本金等の額の月数換算額の 3.75/1,000 相当額 (11)× 3.75/1,000		15	1,875,000
	特定公益増進法人等に対する寄附金の特別損金算入限度額 ((14)+(15))×1/2		16	8,729,218
	特定公益増進法人等に対する寄附金の損金算入額 ((2)と((14)又は(16))のうち少ない金額)		17	0
	指定寄附金等の金額 (1)		18	500,000
	国外関連者に対する寄附金額及び本店等に対する内部寄附金額		19	
損金不算入額	(4)の寄附金額のうち同上の寄附金以外の寄附金額 (4)-(19)		20	2,500,000
	同上のうち損金の額に算入されない金額 (20)-((9)又は(13))-(17)-(18)		21	129,157
	国外関連者に対する寄附金額及び本店等に対する内部寄附金額 (19)		22	
	完全支配関係がある法人に対する寄附金額 (5)		23	
	計 (21)+(22)+(23)		24	129,157

公益法人等の場合

損金算入限度額の計算	支出した寄附金の額	長期給付事業への繰入利子額	25	円
		同上以外のみなし寄附金額	26	
		その他の寄附金額	27	
		計 (25)+(26)+(27)	28	
	所得金額仮計 (別表四「25の①」)		29	
	寄附金支出前所得金額 (28)+(29) (マイナスの場合は0)		30	
	同上の 20又は50/100 相当額 (50/100相当額が年200万円に満たない場合(当該法人が公益社団法人又は公益財団法人である場合を除く。)は、年200万円)		31	
	公益社団法人又は公益財団法人の公益法人特別限度額 (別表十四(二)付表「3」)		32	
	長期給付事業を行う共済組合等の損金算入限度額 ((25)と繰資額の年5.5%相当額のうち少ない金額)		33	
	損金算入限度額 (31)、((31)と(32)のうち多い金額)又は((31)と(33)のうち多い金額)		34	
	指定寄附金等の金額 (41の計)		35	
損金不算入額	国外関連者に対する寄附金額及び完全支配関係がある法人に対する寄附金額		36	
	(28)の寄附金額のうち同上の寄附金以外の寄附金額 (28)-(36)		37	
	同上のうち損金の額に算入されない金額 (37)-(34)-(35)		38	
	国外関連者に対する寄附金額及び完全支配関係がある法人に対する寄附金額 (36)		39	
	計 (38)+(39)		40	

指定寄附金等に関する明細

寄附した日	寄附先	告示番号	寄附金の使途	寄附金額 41
令和2年8月31日	国		建設資金	500,000円
		計		500,000

特定公益増進法人若しくは認定特定非営利活動法人等に対する寄附金又は認定特定公益信託に対する支出金の明細

寄附した日又は支出した日	寄附先又は受託者	所在地	寄附金の使途又は認定特定公益信託の名称	寄附金額又は支出金額 42
				円
		計		

その他の寄附金のうち特定公益信託(認定特定公益信託を除く。)に対する支出金の明細

支出した日	受託者	所在地	特定公益信託の名称	支出金額
				円

40

6　別表十六の作成方法

　内国法人は，各事業年度終了の時においてその有する減価償却資産につき償却費として損金経理した金額がある場合には，当該減価償却資産に係る当該事業年度の償却限度額その他償却の明細に関する明細書を確定申告書に添付しなければならない。

　その中で，本設例では，参考資料の1．減価償却費に関する資料に基づき，定額法の建物は，別表十六（一）①旧定額法又は定額法による減価償却資産の償却額の計算に関する明細書を作成し，定率法の器具備品は，別表十六（二）①旧定率法又は定率法による減価償却資産の償却額の計算に関する明細書を作成する必要がある。

　本問では，下記資料に既に減価償却方法，耐用年数，減価償却費の金額が記載されているが，本来は，固定資産の種類，取得日，事業供用開始日，耐用年数等を固定資産台帳に入力し，減価償却費を算定する。なお，耐用年数は耐用年数表から選択し，償却率，改定償却率及び保証率は減価償却資産の償却率表から選択する。

1.　減価償却費に関する資料

　当期末において保有する減価償却資産及びその償却費等は下記のとおりである。

種　　類	建　物	器具備品
構造・用途	鉄筋コンクリート	金属製
細目	事務所	事務机
取得日	令和1年10月1日	令和1年10月1日
事業供用開始日	令和1年10月1日	令和1年10月1日
取得価額	200,000,000	5,000,000
期末帳簿価額		
税務上の減価償却方法	定額法	定率法
税務上の耐用年数	50年	15年
税務上の償却率	0.020	0.133
税務上の改定償却率		0.143
税務上の保証率		0.04565
税務上の減価償却限度額	4,000,000	665,000
会計上の耐用年数	40年	5年
会計上の減価償却方法	定額法	定額法
会計上の償却率	0.025	0.200
会計上の減価償却費計上額	5,000,000	1,000,000

　まず，最初に別表十六（一）①旧定額法又は定額法による減価償却資産の償却額の計算に関する明細書の作成方法を解説する。

　上記資料から（実務では固定資産台帳から）資産区分の項目1種類，2構造・用途，3細目，4取得日，5事業の用に供した年月，6耐用年数，取得価額の7取得価額又は製作価額，9差引取得価額，帳簿価額の10償却額計算の対象となる期末現在の帳簿記載金額，13差引帳簿記載金額，14損金に計上した当期償却額，16合計を転記する。

　なお，14損金に計上した当期償却額は会計上の減価償却費5,000,000円を転記し，16合計は期首帳簿価額200,000,000円に一致することになる。

　設例の建物は，令和1年10月1日取得のため，当期分の普通償却限度額等の平成19年4月1日以後取得分の項目25定額法の償却額計算の基礎となる金額には，項目9差引取得価額200,000,000円を転記する。

　項目25定額法の償却額計算の基礎となる金額200,000,000円×項目26税務上の定額法の償却率（0.020）＝項目27算出償却額4,000,000円を算出する。

　当期分の償却限度額項目30〜34は，特別償却又は割増償却を適用しない限り，

項目30及び34は普通償却限度額4,000,000円を記載する。

　項目35は会計上の減価償却費5,000,000円を記載し，34当期分の償却限度額項目合計4,000,000円との差異1,000,000円は項目37償却超過額となり，そのまま項目41差引合計翌期への繰越額として翌期へ繰り越される。項目37償却超過額1,000,000円は，別表四の項目7減価償却の償却超過額として，定率法適用の器具備品とともに記載され，別表五（一）にも項目4減価償却超過額に同額が転記される。

　なお，仕訳を用いた減価償却超過額の税務調整の説明は，定率法採用の器具備品と一緒に後記で行う。

　別表十六（一）に記載すると下記のとおりになる。

① 旧定額法又は定額法による減価償却資産の償却額の計算に関する明細書		事業年度又は連結事業年度	令和1・10・1 令和2・9・30	法人名	福留聡株式会社 ( )

資産区分	種類	1	建物				
	構造	2	事務所				
	細目	3	鉄筋コンクリート				
	取得年月日	4	令1・10・1	・ ・	・ ・	・ ・	・ ・
	事業の用に供した年月	5	令1・10				
	耐用年数	6	50 年	年	年	年	年
取得価額	取得価額又は製作価額	7	外 200,000,000 円	外 円	外 円	外 円	外 円
	圧縮記帳による積立金計上額	8					
	差引取得価額 (7)-(8)	9	200,000,000				
帳簿価額	償却額計算の対象となる期末現在の帳簿記載金額	10	195,000,000				
	期末現在の積立金の額	11					
	積立金の期中取崩額	12					
	差引帳簿記載金額 (10)-(11)-(12)	13	外△ 195,000,000	外△	外△	外△	外△
	損金に計上した当期償却額	14	5,000,000				
	前期から繰り越した償却超過額	15	外	外	外	外	外
	合計 (13)+(14)+(15)	16	200,000,000				
当期分の普通償却限度額等	平成19年3月31日以前取得分	残存価額	17					
		差引取得価額×5% (9)×5/100	18					
		旧定額法の償却額計算の基礎となる金額 (9)-(17)	19					
		旧定額法の償却率	20					
		(16)>(18)の場合 算出償却額 (19)×(20)	21	円	円	円	円	円
		増加償却額 (21)×割増率	22	( )	( )	( )	( )	( )
		計 (21)+(22)又は((16)-(19))	23					
		(16)≦(18)の場合 算出償却額 ((18)-1円)×60/60	24					
	平成19年4月1日以後取得分	定額法の償却額計算の基礎となる金額 (9)	25	200,000,000				
		定額法の償却率	26	0.020				
		算出償却額 (25)×(26)	27	4,000,000 円	円	円	円	円
		増加償却額 (27)×割増率	28	( )	( )	( )	( )	( )
		計 (27)+(28)	29	4,000,000				
	当期分の普通償却限度額等 (23)、(24)又は(29)		30	4,000,000				
当期分の償却限度額	特別償却限度額 租税特別措置法適用条項	31	条 項	条 項	条 項	条 項	条 項
		特別償却限度額	32	外 円	外 円	外 円	外 円	外 円
	前期から繰り越した特別償却不足額又は合併等特別償却不足額	33					
	合計 (30)+(32)+(33)	34	4,000,000				
当期償却額	35	5,000,000				
差引	償却不足額 (34)-(35)	36					
	償却超過額 (35)-(34)	37	1,000,000				
償却超過額	前期からの繰越額	38	外	外	外	外	外
	当期損金認容額	償却不足によるもの	39					
		積立金取崩しによるもの	40					
	差引合計翌期への繰越額 (37)+(38)-(39)-(40)	41	1,000,000				
特別償却不足額	翌期に繰り越すべき特別償却不足額 ((36)-(39))と((32)+(33))のうち少ない金額	42					
	当期において切り捨てる特別償却不足額又は合併等特別償却不足額	43					
	差引翌期への繰越額 (42)-(43)	44					
	翌期繰越額への内訳	・ ・	45					
		当期分不足額	46					
適格組織再編成により引き継ぐべき合併等特別償却不足額 ((36)-(39))と(32)のうち少ない金額	47					

備考

44

　次に，別表十六（二）①旧定率法又は定率法による減価償却資産の償却額の計算に関する明細書の作成方法を解説する。

　別表十六（一）と同様に項目1〜16を記入する。別表十六（一）と同様に14損金に計上した当期償却額は会計上の減価償却費1,000,000円を転記し，16合計は期首帳簿価額5,000,000円に一致することになる。

　設例の器具備品は，令和1年10月1日取得のため，当期分の普通償却限度額等の平成19年4月1日以後取得分の項目26〜33に記載する必要があり，調整前償却額26には，項目18償却額計算の基礎となる金額である5,000,000円×定率法償却率0.133の算定結果665,000円を記載する。なお，当該資産が，期中で事業の用に供されている場合は，項目9差引取得原価5,000,000円×項目27保証率0.04565の算定結果である項目28償却保証額228,250円と比較する金額（月数按分前の金額）を項目26調整前償却額の上段に括弧書きで記載し，項目26調整前償却額の方が，28償却保証額より大きい場合は，月数按分した金額を項目26調整前償却額の下段に記載する。設例のケースでは，期中事業供用で項目26調整前償却額の方が，28償却保証額より大きいが，10月に事業供用開始のため12ヶ月年間分償却されるため，年間償却額＝月数按分した金額となるため分けて記載する必要はない。

　なお，項目28償却保証額が，項目26調整前償却額より大きい場合には，項目29〜31を記載することになる。

　本設例の場合は，項目26調整前償却額の方が，28償却保証額より大きく，増加償却の適用はないため，項目26調整前償却額の金額665,000円を項目33計に記載する。

　当期分の償却限度額項目34〜38は，特別償却又は割増償却を適用しない限り，項目34及び38は普通償却限度額665,000円を記載する。

　項目39は会計上の減価償却費1,000,000円を記載し，38当期分の償却限度額項目合計665,000円との差異335,000円は項目41償却超過額となり，そのまま項目45差引合計翌期への繰越額として翌期へ繰り越される。項目41償却超過額335,000円は，別表四の項目7減価償却の償却超過額として，定額法適用の

建物の減価償却超過額1,000,000円とともに合計で1,335,000円が記載され，別表五（一）にも項目4減価償却超過額に同額が転記される。

　別表十六（二）に記載すると下記のとおりになる。

① 旧定率法又は定率法による減価償却資産の償却額の計算に関する明細書

| 事業年度又は連結事業年度 | 令和1・10・1 令和2・9・30 | 法人名 | 福留聡株式会社 |

別表十六(二) 平三十一・四・一以後終了事業年度又は連結事業年度分

資産区分	種　類	1	器具備品				
	構　造	2	金属製				
	細　目	3	事務机				
	取　得　年　月　日	4	令1・10・1	・　・	・　・	・　・	・　・
	事業の用に供した年月	5	令1・10				
	耐　用　年　数	6	15 年	年	年	年	年
取得価額	取得価額又は製作価額	7	外 5,000,000 円	外　　円	外　　円	外　　円	外　　円
	圧縮記帳による積立金計上額	8					
	差引取得価額(7)−(8)	9	5,000,000				
償却額計算の基礎となる額	償却額計算の対象となる期末現在の帳簿記載金額	10	4,000,000				
	期末現在の積立金の額	11					
	積立金の期中取崩額	12					
	差引帳簿記載金額(10)−(11)−(12)	13	外△ 4,000,000	外△	外△	外△	外△
	損金に計上した当期償却額	14	1,000,000				
	前期から繰り越した償却超過額	15	外	外	外	外	外
	合　計(13)+(14)+(15)	16	5,000,000				
	前期から繰り越した特別償却不足額又は合併等特別償却不足額	17					
	償却額計算の基礎となる額(16)−(17)	18	5,000,000				
当期分の普通償却限度額等	平成19年3月31日以前取得分	差引取得価額×5%(9)×5/100	19				
		旧定率法の償却率	20				
	(16)>(19)の場合	算出償却額(18)×(20)	21	円	円	円	円
		増加償却額(21)×割増率	22	( )	( )	( )	( )
		計(21)+(22)又は((18)−(19))	23				
	(16)≦(19)の場合	算出償却額(19−1円)×60/100	24				
	平成19年4月1日以後取得分	定率法の償却率	25	0.133			
		調整前償却額(18)×(25)	26	665,000 円	円	円	円
		保証率	27	0.04565			
		償却保証額(9)×(27)	28	228,250 円	円	円	円
	(26)<(29)の場合	改定取得価額	29				
		改定償却率	30				
		改定償却額(29)×(30)	31	円	円	円	円
		増加償却額((26)又は(31))×割増率	32	( )	( )	( )	( )
		計((26)又は(31))+(32)	33	665,000			
	当期分の普通償却限度額等(23)、(24)又は(33)	34	665,000				
当期分の償却限度額	特別償却又は割増償却の償却限度額	租税特別措置法適用条項	35	条 項	条 項	条 項	条 項
		特別償却限度額	36	外　円	外　円	外　円	外　円
	前期から繰り越した特別償却不足額又は合併等特別償却不足額	37					
	合　計(34)+(36)+(37)	38	665,000				
	当　期　償　却　額	39	1,000,000				
差引	償却不足額(38)−(39)	40					
	償却超過額(39)−(38)	41	335,000				
償却超過額	前期からの繰越額	42	外	外	外	外	外
	当期損金認容額	償却不足によるもの	43				
		積立金取崩しによるもの	44				
	差引合計翌期への繰越額(41)+(42)−(43)−(44)	45	335,000				
特別償却不足額	翌期に繰り越すべき特別償却不足額(((40)−(43))と((36)+(37))のうち少ない金額)	46					
	当期において切り捨てる特別償却不足額又は合併等特別償却不足額	47					
	差引翌期への繰越額(46)−(47)	48					
	翌期への繰越額の内訳	・　・	49				
		当期分不足額	50				
	適格組織再編成により引き継ぐべき合併等特別償却不足額((40)−(43)と(36)のうち少ない金額)	51					

備考

なお，仕訳にして，減価償却費の税務調整を説明すると下記のとおりになる。

① 会 計 処 理

（ⅰ） 減価償却費計上時

（借方）減 価 償 却 費　6,000,000　　（貸方）建　　　　　　物　5,000,000

　　　　　　　　　　　　　　　　　　　（貸方）器 具 備 品　1,000,000

② 税 務 処 理

（ⅰ） 減価償却費計上時

（借方）減 価 償 却 費　4,665,000　　（貸方）建　　　　　　物　4,000,000

　　　　　　　　　　　　　　　　　　　（貸方）器 具 備 品　　665,000

③ 税 務 調 整

会計処理と税務処理の差異を別表四で調整する。

（ⅰ） 減価償却費計上時

（借方）建　　　　　　物　1,000,000　　（貸方）減 価 償 却 費　1,335,000

（借方）器 具 備 品　　335,000

　　※ （貸方）減価償却費1,335,000円⇒別表四で減価償却の償却超過額とし
　　　　て加算する。

7　別表七（一）の作成方法

　確定申告書を提出する法人の各事業年度開始の日前10年以内に開始した事
業年度で青色申告書を提出した事業年度に生じた欠損金額は，その各事業年度
の所得金額の計算上損金の額に算入される。繰越欠損金がその事業年度開始の
日前10年以内に開始した事業年度のうち2以上の事業年度において生じてい
る場合には，最も古い事業年度において生じたものから順次損金算入をするこ

とになる。

　平成28年度の税制改正により，平成30年4月1日以後に開始する事業年度において生ずる欠損金額の繰越期間は10年である。

　なお，中小法人等以外の法人については，平成30年4月1日以後に開始する事業年度から，その控除限度額は，繰越控除をする事業年度のその繰越控除前の所得の金額の100分の50相当額とされた。

　中小法人等とは，資本金の額又は出資金の額が1億円以下の法人のうち100％子法人等を除く法人である。

　この100％子法人等とは，資本金の額若しくは出資金の額が5億円以上の法人又は相互会社等（大法人）による完全支配関係（一の者が，法人の発行済株式等の全部を直接又は間接に保有する関係）がある普通法人，完全支配関係がある複数の大法人に発行済株式等の全部を保有されている法人をいう。

　本設例の福留聡株式会社は資本金が500,000,000円の大法人であるため，繰越欠損金の控除限度額である繰越控除をする事業年度のその繰越控除前の所得の金額の100分の50相当額の規制を受ける。

　ただし，本設例では，繰越欠損金は平成30年10月1日～令和1年9月30日に発生した145,473,532円であり，繰越欠損金控除前の所得が246,964,157円のため，その50％は，123,482,078円のため，翌期繰越額は，21,991,454円となる。

　別表七（一）の転記方法は，平成30年10月1日～令和1年9月30日に発生した145,473,532円は，項目3控除未決済欠損金額に記載され，項目4当期控除額に同額123,482,078円が記載され，項目5翌期繰越額は21,991,454円となる。項目4当期控除額123,482,078円が別表四項目40欠損金又は災害損失金等の当期控除額に転記される。

　なお，欠損金の繰越控除制度は，会計上の欠損を基とした税務上の調整であり，欠損金の繰越控除制度の適用を受けるにあたり特別な会計処理は不要である。また，欠損金の繰越控除制度でいう欠損金とは，各事業年度の税務上の欠損金であり，別表四でいう項目47所得金額又は欠損金額に記載される欠損金をいう。

ただし，欠損金は，一時差異ではないため別表五（一）には転記されないが，将来の課税所得を減額し，税額を減らす効果があるため，税効果会計の対象になる。

　別表七（一）に記入すると下記のとおりになる。

⑤ 欠損金又は災害損失金の損金算入等に関する明細書

| 事業年度 | 令和1・10・1 令和2・9・30 | 法人名 | 福留聡株式会社 |

別表七(一) 平三十一・四・一以後終了事業年度分

| 控除前所得金額 (別表四「39の①」)-(別表七(二)「9」又は「21」) | 1 | 246,964,157 円 | 所得金額控除限度額 (1) × 50又は100 / 100 | 2 | 123,482,078 円 |

事業年度	区　分	控除未済欠損金額 3	当 期 控 除 額 (当該事業年度の(3)と((2)-当該事業年度前の(4)の合計額))のうち少ない金額) 4	翌 期 繰 越 額 ((3)-(4))又は(別表七(三)「15」) 5
・ ・	青色欠損・連結みなし欠損・災害損失	円	円	
平30・10・1 令1・9・30	青色欠損・連結みなし欠損・災害損失	145,473,532	123,482,078	21,991,454 円
・ ・	青色欠損・連結みなし欠損・災害損失			
・ ・	青色欠損・連結みなし欠損・災害損失			
・ ・	青色欠損・連結みなし欠損・災害損失			
・ ・	青色欠損・連結みなし欠損・災害損失			
・ ・	青色欠損・連結みなし欠損・災害損失			
・ ・	青色欠損・連結みなし欠損・災害損失			
・ ・	青色欠損・連結みなし欠損・災害損失			
	計	145,473,532	123,482,078	21,991,454
当期分	欠損金額 (別表四「47の①」)		欠損金の繰戻し額	
	同上のうち 災害損失金			
	青色欠損金			
	合　計			21,991,454

災害により生じた損失の額の計算

災害の種類		災害のやんだ日又はやむを得ない事情のやんだ日	・ ・

災害を受けた資産の別	棚卸資産 ①	固定資産 (固定資産に準ずる繰延資産を含む。) ②	計 ①+② ③
当期の欠損金額 (別表四「47の①」) 6			円
災害により生じた損失の額 資産の滅失等により生じた損失の額 7	円	円	
被害資産の原状回復のための費用等に係る損失の額 8			
被害の拡大又は発生の防止のための費用に係る損失の額 9			
計 (7)+(8)+(9) 10			
保険金又は損害賠償金等の額 11			
差引災害により生じた損失の額 (10)-(11) 12			
同上のうち所得税額の還付又は欠損金の繰戻しの対象となる災害損失金額 13			
中間申告における災害損失欠損金の繰戻し額 14			
繰戻しの対象となる災害損失欠損金額 ((6の③)と((13の③)-(14の③))のうち少ない金額) 15			
繰越控除の対象となる損失の額 ((6の③)と((12の③)-(14の③))のうち少ない金額) 16			

なお，別表七（一）まで作成すると，別表四が完成する。一つまだ解説していない別表五（二）に記載される道府県民税の中間納付額145,000円（均等割）を期中損金経理により納付したため，損金の額に算入した道府県民税（利子割額を除く）及び市町村民税に145,000円が転記される。

　税効果会計計算前かつ法人税，住民税及び事業税の税金計算前の別表四は下記のとおりになる。

別表四（簡易様式）　平三十一・四・一以後終了事業年度分

所得の金額の計算に関する明細書（簡易様式）

| 事業年度 | 令和1・10・1　令和2・9・30 | 法人名 | 福留聡株式会社 |

区　　分		総　額	処　　分		
			留　保	社外流出	
		①	②	③	
当期利益又は当期欠損の額	1	139,855,000 円	129,855,000 円	配当	10,000,000 円
				その他	
加	損金経理をした法人税及び地方法人税（附帯税を除く。）	2				
	損金経理をした道府県民税及び市町村民税	3	145,000	145,000		
	損金経理をした納税充当金	4				
	損金経理をした附帯税（利子税を除く。）、加算金、延滞金（延納分を除く。）及び過怠税	5			その他	
	減価償却の償却超過額	6	1,335,000	1,335,000		
	役員給与の損金不算入額	7			その他	
	交際費等の損金不算入額	8			その他	
算	貸倒引当金限度超過	9	3,500,000	3,500,000		
	次　葉　紙　合　計	10	132,000,000	132,000,000		
	小　　　計	11	136,980,000	136,980,000		
減	減価償却超過額の当期認容額	12				
	納税充当金から支出した事業税等の金額	13				
	受取配当等の益金不算入額（別表八(一)「13」又は「26」）	14			※	
	外国子会社から受ける剰余金の配当等の益金不算入額（別表八(二)「26」）	15			※	
	受贈益の益金不算入額	16			※	
	適格現物分配に係る益金不算入額	17			※	
	法人税等の中間納付額及び過誤納に係る還付金額	18				
算	所得税額等及び欠損金の繰戻しによる還付金額等	19			※	
	次　葉　紙　合　計	20	30,000,000	30,000,000		
	小　　　計	21	30,000,000	30,000,000	外※	
仮　　　計　(1)+(11)-(21)	22	246,835,000	236,835,000	外※	10,000,000
関連者等に係る支払利子等の損金不算入額（別表十七(二の二)「24」又は「29」）	23			その他	
超過利子額の損金算入額（別表十七(二の三)「10」）	24	△		※	△
仮　　　計　(22)から(24)までの計	25	246,835,000	236,835,000	外※	10,000,000
寄附金の損金不算入額（別表十四(二)「24」又は「40」）	27	129,157		その他	129,157
法人税額から控除される所得税額（別表六(一)「6の③」）	29			その他	
税額控除の対象となる外国法人税の額（別表六(二の二)「7」）	30			その他	
分配時調整外国税相当額及び外国関係会社等に係る控除対象所得税額等相当額（別表六(五の二)「5の②」+別表十七(三の十二)「1」）	31			その他	
合　　　計　(25)+(27)+(29)+(30)+(31)	34	246,964,157	236,835,000	外※	10,129,157
契約者配当の益金算入額（別表九(一)「13」）	35				
中間申告における繰戻しによる還付に係る災害損失欠損金額の益金算入額	37			※	
非適格合併又は残余財産の全部分配等による移転資産等の譲渡利益額又は譲渡損失額	38			※	
差　　引　　計　(34)+(37)+(38)	39	246,964,157	236,835,000	外※	10,129,157
欠損金又は災害損失金等の当期控除額（別表七(一)「4の計」+(別表七(二)「9」若しくは「21」又は別表七(三)「10」)	40	△ 123,482,078		※	△ 123,482,078
総　　　計　(39)+(40)	41	123,482,079	236,835,000	外※	△ 123,482,078　10,129,157
新鉱床探鉱費又は海外新鉱床探鉱費の特別控除額（別表十(三)「43」）	42	△		※	△
残余財産の確定の日の属する事業年度に係る事業税の損金算入額	46	△	△		
所得金額又は欠損金額	47	123,482,079	236,835,000	外※	△ 123,482,078　10,129,157

区　　　分		総　　額	処　　　　　分		
		①	留　　保 ②	社　外　流　出 ③	
賞与引当金繰入額	1	20,000,000 円	20,000,000 円		円
退職給付費用	2	10,000,000	10,000,000		
土地減損損失	3	100,000,000	100,000,000		
役員退職慰労引当金繰入額	4	2,000,000	2,000,000		
	5				
	6				
	7				
加	8				
	9				
	10				
	11				
	12				
	13				
算	14				
	15				
	16				
	17				
	18				
	19				
	20				
小　　　計	21	132,000,000	132,000,000		
賞与引当金当期認容	22	10,000,000	10,000,000		
退職給与引当金取崩超過	23	20,000,000	20,000,000		
	24				
	25				
	26				
	27				
	28				
減	29				
	30				
	31				
	32				
	33				
	34				
算	35				
	36				
	37				
	38				
	39				
	40				
	41				
小　　　計	42	30,000,000	30,000,000	外※	

所得の金額の計算に関する明細書（次葉紙）

事業年度　令和1・10・1　令和2・9・30　　法人名　福留聡株式会社

8　別表二の作成方法

　別表二同族会社の判定に関する明細書は，法人が法人税法第2条第10号同族会社に該当するか及び法人税法第67条特定同族会社の特別税率の規定の適用がある特定同族会社に該当するかどうか判定する必要がある。

　なお，この明細書による判定は，その事業年度終了の日の現況により行う。

　同族会社とは，会社の上位3株主グループ（自己株式を除く株主等の3人以下並びにこれらの株主等と特殊の関係のある個人及び法人を一グループとした場合のそのグループをいう）が下記3つの要件のいずれかを満たす場合におけるその会社をいう（法法2十，法令4，法基通1-3-1～1-3-8）。

　イ　他の会社の発行済株式又は出資の総数又は総額（自己株式を除く）の50％を超える数又は金額の株式又は出資を有する場合（法令4③一）

　ロ　他の会社の次に掲げる議決権のいずれかにつき，その総数の50％を超える数を有する場合（法令4③二）

　　①　事業の全部若しくは重要な部分の譲渡，解散，継続，合併，分割，株式交換，株式移転又は現物出資に関する決議に係る議決権

　　②　役員の選任及び解任に関する決議に係る議決権

　　③　役員の報酬，賞与その他職務執行の対価として会社が供与する財産上の利益に関する事項についての決議に係る議決権

　　④　剰余金の配当又は利益の配当に関する決議に係る議決権

　ハ　他の会社の株主等（合名会社，合資会社又は合同会社の社員に限る）の総数の半数を超える数を占める場合（法令4③三）

　なお，同族会社は，役員及び使用人兼務役員の範囲の制限，行為計算の否認の規定が適用される。

　特定同族会社とは，被支配会社で，被支配会社であることについての判定の基礎となった株主のうちに被支配会社でない法人がある場合には，当該法人をその判定の基礎となる株主等から除外して判定するものとした場合においても被支配会社となるもの（事業年度終了時の資本金の額又は出資金の額が1億円以下で

あるものにあっては資本金の額又は出資金の額が5億円以上である法人又は相互会社である大法人との間に当該大法人による完全支配関係がある普通法人に限る）をいう（法法67①）。

なお，被支配会社とは，会社の上位1株主グループ（自己株式を除く株主等の1人並びにこれと特殊関係のある個人及び法人を一グループとした場合のそのグループをいう）が，上記同族会社の判定要件のいずれかを満たす場合における会社をいう（法法67②，法令139の7）。

留保金課税の実務の流れは，下記のとおりになる。

① 株主名簿又は前期末の法人税申告書の別表二から，今期中の異動を加味して当期末の株主を把握する。

② 別表二を作成して留保金課税の適用の有無を判定する。

③ 留保金課税以外の別表四及び別表一を完成させる。

④ 特定同族会社に該当する場合，別表三（一）（特定同族会社の留保金額に対する税額の計算等に関する明細書）を作成して課税留保金額に対する税額を算出する。

⑤ 別表三（一）で算定した課税留保金額及び課税留保金額に対する税額を別表一に転記する。

本設例の会社の概要9. 発行済株式数　1,000,000株及び10. 株主をもとに別表二を作成する。なお，1株1議決権とする。

9. 発行済株式数	1,000,000株
10. 株主	
福留　聡	300,000株
伊達　政宗	100,000株
長宗我部　元親	90,000株
武田　信玄	80,000株
織田　信長	80,000株
毛利　元就	80,000株
豊臣　秀吉	80,000株
徳川　家康	80,000株
坂本　龍馬	80,000株
聖徳　太子	30,000株

　別表二は，最初に，下段の判定基準となる株主等の株式数等の明細（項目19
～22）を会社の概要10．株主をもとに作成して，次に左上の同族会社の判定
（項目1～10），最後に右上の特定同族会社の判定を行う（項目11～18）。

　なお，種類株式を発行していない場合，項目4，5，6，13，14，20，22
は記載の必要がない。

　判定基準となる株主等の株式数等の明細は，株主名簿等を基にして，株主を
グループ分けする。ある株主とその同族関係者（株主と特殊関係にある個人及び
法人）を1つの株主グループとして区分する。

　特殊な関係にある個人とは法人税法施行令第4条第1項に記載されており，

①　同族会社のある株主の親族，内縁関係にある者，又は，使用されている
　　者等

②　上記の者と生計を同一にしているもの

　特殊な関係にある法人とは，法人税法施行令第4条第2項に記載されており，

③　これらの者（①又は②）により，株式の50%超を所有されている会社

④　①，②又は③により，株式の50%超を所有されている会社

⑤　①，②，③又は④により，株式の50%超を所有されている会社

　また，法人税法施行令第4条第3項に規定されているものがあり，

⑥　ある株主（同族会社の株主とは限らない）から見た時に，上記の①～⑤の
　　関係を満たすこととなる複数の会社

　なお，本設例では，株主と特殊関係にある個人及び法人はないものとする。

　次に，株主グループをその持株比率の高い順に第1順位，第2順位，第3順
位の順に記載し，株主グループの中で最も持株等の高い株主である福留聡を判
定基準となる株主等との続柄欄に本人と記載し，他の同グループの株主は，本
人と記載した株主との続柄を記載する。本設例では，10人の株主がおり，第
1順位，第2順位，第3順位，第4順位，第10順位の株主が存在する。

　項目19～項目22株式数又は出資の金額等は，項目19～20被支配会社でない
法人株主等と項目21～22その他の株主等に分けて記載し，同族会社及び特定
同族会社の判定は，株式数又は出資の金額と議決権の数による判定を行うため，

項目19株主の保有する株式数と項目20議決権をそれぞれ記載する。

次に，同族会社の判定の記載を行い，項目1～3は，株式数又は出資の金額による判定を，項目4～6で議決権による判定を行い，両方とも，上位3順位による比率を求めて判定する。

合名会社，合資会社及び合同会社の場合には，社員の数による判定を行うため，項目7～9を記載して判定する。

同族会社の判定は，項目3，6，9のうち最も高い割合を記載する。

本設例では，期末現在の株式総数及び議決権の総数は1,000,000であり，株式数でも，議決権の数でも上位3順位で490,000の数（項目2及び5）のため，株式数の判定及び議決権数の判定でも49％（項目3及び6）となり，50％を超えていないため，非同族会社となる（項目10）。

最後に，特定同族会社の判定を行い，項目1～9で記載した株式数又は出資の金額，議決権，社員数による判定を上位1順位により判定する。なお，特定同族会社の判定において，被支配法人でない法人株主等は除外して判定することに留意する。

本設例では，上位1順位は福留聡であり，株式数，議決権の数とも300,000（項目11及び13）であり，株式数の判定及び議決権数の判定でも30％（項目12及び14）となり，項目17で，項目12，14，16のうち最も高い割合を記載するため30％となるため，やはり，50％を超えていないため，非同族会社となる（項目18）。

したがって，非同族会社のため，留保金課税対象外のため，別表三（一）（特定同族会社の留保金額に対する税額の計算等に関する明細書）の作成は不要である。

別表二に記入すると下記のとおりになる。

同族会社等の判定に関する明細書			事業年度 又は連結 事業年度	令和1・10・1 令和2・9・30	法人名	福留聡株式会社		

同族会社の判定	期末現在の発行済株式の総数又は出資の総額	1	内 1,000,000	特定同族会社の判定	㉑の上位1順位の株式数又は出資の金額	11	300,000
	⑲と㉑の上位3順位の株式数又は出資の金額	2	490,000		株式数等による判定 $\frac{(11)}{(1)}$	12	30.0 %
	株式数等による判定 $\frac{(2)}{(1)}$	3	49.0 %		㉒の上位1順位の議決権の数	13	
	期末現在の議決権の総数	4	内		議決権の数による判定 $\frac{(13)}{(4)}$	14	%
	⑳と㉒の上位3順位の議決権の数	5			㉑の社員の1人及びその同族関係者の合計人数のうち最も多い数	15	
	議決権の数による判定 $\frac{(5)}{(4)}$	6	%		社員の数による判定 $\frac{(15)}{(7)}$	16	30.000 %
	期末現在の社員の総数	7	内		特定同族会社の判定割合 (⑫、⑭又は⑯のうち最も高い割合)	17	
	社員の3人以下及びこれらの同族関係者の合計人数のうち最も多い数	8		判 定 結 果		18	特定同族会社 同族会社 （非同族会社）
	社員の数による判定 $\frac{(8)}{(7)}$	9	49.000 %				
	同族会社の判定割合 (③、⑥又は⑨のうち最も高い割合)	10					

判 定 基 準 と な る 株 主 等 の 株 式 数 等 の 明 細

順位		判定基準となる株主（社員）及び同族関係者		判定基準となる株主等との続柄	株式数又は出資の金額等			
					被支配会社でない法人株主等		その他の株主等	
株式数等	議決権数	住所又は所在地	氏名又は法人名		株式数又は出資の金額 19	議決権の数 20	株式数又は出資の金額 21	議決権の数 22
1	1		福留聡	本人			300,000	
2	2		伊達政宗				100,000	
3	3		長宗我部元親				90,000	
4	4		武田信玄				80,000	
4	4		織田信長				80,000	
4	4		毛利元就				80,000	
4	4		豊臣秀吉				80,000	
4	4		徳川家康				80,000	
4	4		坂本龍馬				80,000	
10	10		聖徳太子				30,000	

9 別表一（一）の作成方法

別表四で課税所得を算定後別表一（一）で税額計算を行う。

税額計算のおおまかな流れは下記のとおりである。

① 別表四で算定した所得金額をもとに千円未満切捨の所得金額に法人税率（23.2％）を乗じて法人税額を算定する。

② 法人税額から法人税の特別控除額を控除して差引法人税額を算定する。

③ 差引法人税額に留保金課税等を加算して法人税額計を算定する。

④ 法人税額計から控除所得税額及び控除外国税額等を控除して差引所得に対する法人税額を算定する。

⑤ 百円未満を切捨てた差引所得に対する法人税額から中間申告分の法人税額を控除して差引確定法人税額を算定する。

本設例における別表一（一）の記載方法を解説していく。別表一（一）の項目1所得金額又は欠損金額には，別表四47所得金額又は欠損金額の総額①123,482,079円を転記する。

項目2法人税額は，法人税額の計算の項目50〜55を記入して計算し，福留聡株式会社は，大法人であるため，項目52のその他の所得金額52に項目1所得金額又は欠損金額の千円未満の端数を切り捨てた123,482,000円を転記し，項目55で税率23.2％を乗じて法人税額28,647,824円が算定される。

項目3の法人税額の特別控除額，留保金課税等項目5〜9，控除税額等項目11〜12及び中間申告分の法人税額項目14はないので，項目4差引法人税額，項目10法人税額計は項目2法人税額と同額の28,647,824円，項目14差引所得に対する法人税額及び項目16差引確定法人税額は100円未満切捨てし28,647,800円となる。

下段右側の項目49の下の欄，剰余金・利益の配当の金額には別表四の項目1当期利益又は当期欠損の額の社外流出③の配当の額10,000,000円を転記する。

別表一（一）に記入すると下記のとおりになる。

令和１年　月　日　**本郷**税務署長殿

納税地	東京都文京区本郷2-25-6-4061　電話(03)3817 - 7727
(フリガナ)	フクドメサトシカブシキガイシャ
法人名	福留聡株式会社
法人番号	
(フリガナ)	フクドメ サトシ
代表者記名押印	福留聡　㊞
代表者住所	東京都文京区本郷2-3-19-602

青色申告　一連番号

| 令和 | 1 | 年 | 10 | 月 | 1 | 日 | 事業年度分の法人税 | 確定 | 申告書 |
| 令和 | 2 | 年 | 9 | 月 | 30 | 日 | 課税事業年度分の地方法人税 | 確定 | 申告書 |

所得金額又は欠損金額（別表四「47の①」）	1	1234820 79	
法人税額 (53)＋(55)	2	28647824	
法人税額の特別控除額（別表六(六)「4」）	3		
差引法人税額 (2)－(3)	4	28647824	
連結納税の承認を取り消された場合等における既に控除された法人税額の特別控除額の加算額	5		
土地譲渡税金（この三の合計＋別表三(二の二)「26」）	6	0 0 0	
同上に対する税額 (22)＋(23)＋(24)	7	0 0 0	
留保税金（別表三(一)「4」）	8	0 0 0	
同上に対する税額（別表三(一)「8」）	9	0 0 0	
法人税額計 (4)＋(5)＋(7)＋(9)	10	28647824	
分配時調整外国税相当額及び外国関係会社等に係る控除対象所得税額等相当額の控除額	11		
仮装経理に基づく過大申告の更正に伴う控除法人税額	12		
控除税額	13		
差引所得に対する法人税額 (10)－(11)－(12)＋(19)	14	28647800	
中間申告分の法人税額	15		
差引確定／中間申告の場合はその法人税額 (14)－(15)	16	28647800	

所得税の額（別表六(一)「6の③」）	17		
外国税額（別表六(二)「20」）	18		
計 (17)＋(18)	19		
控除した金額 (13)	20		
控除しきれなかった金額 (19)－(20)	21		
土地譲渡税額（別表三(二)「27」）	22		
同上（別表三(二の二)「28」）	23	0 0	
同上（別表三(三)「23」）	24	0 0	
所得税額等の還付金額 (21)	25		
中間納付額 (15)－(14)	26		
欠損金の繰戻しによる還付請求税額	27		
計 (25)＋(26)＋(27)	28		
この申告前の所得金額又は欠損金額 (60)	29		
この申告により納付すべき還付請求税額 (65)	30	0 0	
欠損金又は災害損失金の当期控除額	31	123482078	
翌期へ繰り越す欠損金又は災害損失金（別表七(一)「5の合計」）	32	219914 54	

課税標準法人税額に対する法人税額 (4)＋(5)＋(7)＋(10)の外書	33	28647824	
課税留保金額に対する法人税額 (9)	34		
課税標準法人税額 (33)＋(34)	35	28647000	
地方法人税額 (58)	36	2950641	
課税留保金額に係る地方法人税額 (59)	37		
所得地方法人税額 (36)＋(37)	38	2950641	
分配時調整外国税相当額及び外国関係会社等に係る控除対象所得税額等相当額の控除額	39		
外国税額の控除額（別表六(二)「50」）	40		
仮装経理に基づく過大申告の更正に伴う控除地方法人税額	41		
差引地方法人税額 (38)－(39)－(40)－(41)	42	2950600	
中間申告分の地方法人税額	43	0 0	
差引確定／中間申告の場合はその地方法人税額 (42)－(43)	44	2950600	

この申告による還付金額 (43)－(42)	45		
所得の金額に対する法人税額 (68)	46		
課税標準法人税額に対する法人税額 (69)	47		
課税標準法人税額 (70)	48	0 0 0	
この申告により納付すべき法人税額 (74)	49	0 0	
剰余金・利益の配当（剰余金の分配）の金額		10000000	

事業年度等	令和1・10・1 令和2・9・30	法人名	福留聡株式会社

法 人 税 額 の 計 算

(1)のうち中小法人等の年800万円相当額以下の金額 ((1)と800万円×$\frac{}{12}$のうち少ない金額)	50	000	(50) の 15 % 又は 19 % 相当額	53	
(1)のうち特例税率の適用がある協同組合等の年10億円相当額を超える金額 (1)－10億円×$\frac{}{12}$	51	000	(51) の 22 % 相 当 額	54	
その他の所得金額 (1)－(50)－(51)	52	123,482,000	(52) の ~~19％又は~~ 23.2 % 相当額	55	28,647,824

地 方 法 人 税 額 の 計 算

所得の金額に対する法人税額 (33)	56	28,647,000	(56) の ~~4.4％又は~~ 10.3 % 相当額	58	2,950,641
課税留保金額に対する法人税額 (34)	57	000	(57) の 4.4 % 又は 10.3 % 相当額	59	

こ の 申 告 が 修 正 申 告 で あ る 場 合 の 計 算

法人税額の計算	この申告前の	所得金額又は欠損金額	60		地方法人税額の計算	この申告前の	所得の金額に対する法人税額	68	
		課税土地譲渡利益金額	61				課税留保金額に対する法人税額	69	
		課税留保金額	62				課税標準法人税額 (68)＋(69)	70	000
		法人税額	63				確定地方法人税額	71	
		還付金額	64	外			中間還付額	72	
	この申告の計算	この申告により納付すべき法人税額又は減少する還付請求税額 ((16)－(63))若しくは((16)＋(64))又は(64)－(28))	65	外 00			欠損金の繰戻しによる還付金額	73	
	この申告前の	欠損金又は災害損失金等の当期控除額	66				この申告により納付すべき地方法人税額 ((44)－(71))若しくは((44)＋(72)＋(73))又は((72)－(45))＋((73)－(45の外書)))	74	00
		翌期へ繰り越す欠損金又は災害損失金	67						

62

10　地方税申告書の概要

　地方税申告書に係る各別表の作成方法を解説する前に地方税申告書の概要を解説する。

　会社の課税所得に対して，法人税及び地方税が課せられ，地方税は，住民税及び事業税の2種類から構成され，住民税は，道府県民税及び市町村民税から構成される。

　道府県民税及び事業税は，道府県税事務所に対して申告を行い，市町村民税は市町村に対して申告を行う。したがって，道府県民税及び事業税は，第六号様式の中で，1つの申告書に記載される。

　事業税は，法人が行う事業に対して課せられる税金であり，資本金1億円以下の中小法人では，所得金額を課税標準とする所得割のみが課せられるが，資本金が1億円を超える大法人では，所得割に加え，付加価値を課税標準とする付加価値割及び資本金等の額を課税標準とする資本割も課せられる。

　また，平成31年度（令和元年度）税制改正により，令和元年10月1日以後に開始する事業年度から法人の事業税の税率が引き下げられ，特別法人事業税が創設されている。

　住民税は，道府県民税及び市町村民税から構成され，それぞれ法人税割と均等割から構成される。

　法人税割は，法人税額を課税標準とされ，法人税額に税率を乗じて算定する。均等割は，所得とは関係なく，法人の規模に応じて定額の税金が課せられ，道府県民税の場合は，資本金等の額により，市町村民税の場合は，資本金等の額及び従業者数により税額が決まる。

　利子所得は，原則として，その支払を受ける際，利子所得の金額に一律20.315％（所得税・復興特別所得税15.315％，地方税5％）の税率を乗じて算出した所得税等が源泉徴収され，地方税分の5％は利子割といい，道府県民税の法人税割額の計算にあたり，控除する。

　本設例では，利子所得がないものとして，利子割額に関する計算はなく，福

留聡株式会社は東京都23区に本社を有し，支店は有してないため，東京都民税として道府県民税相当分と市町村民税相当分が課せられる。また，資本金の額が1億円超の法人のため，法人税割及び事業税に超過税率が課せられ，外形標準課税が課せられる。

したがって，本設例では，以下の別表を提出することになる。

・第六号様式（左側が事業税及び地方特別税，右側が道府県民の計算）
・第六号様式別表四の三（均等割額の計算に関する明細書）
・第六号様式別表五の二（付加価値割額及び資本金等の額の計算書）
・第六号様式別表五の三（報酬給与額に関する明細書）
・第六号様式別表五の四（純支払利子に関する明細書）
・第六号様式別表五の五（純支払賃借料に関する明細書）
・第六号様式別表九（欠損金額及び災害損失金の控除明細書）
・第六号様式別表十四（基準法人所得割額及び基準法人収入割額に関する計算書）

11 事業税所得割及び地方法人特別税の算定方法と事業税所得割部分及び地方法人特別税部分の第六号様式の作成方法

第六号様式の左側が事業税申告書となり，最初に事業税所得割を算定するに際し，事業税率を乗じる所得金額は法人税の所得金額に少し調整が入るため，事業税の所得金額を項目㉓〜㉙で算出する必要がある。

項目㉓には，別表四の項目34の金額123,482,079円を転記する。本設例では，項目㉔〜㉗の調整はないため，項目㉘の仮計も項目㉞の金額123,482,079円と同額になる。なお，項目㉙繰越欠損金額等の当期控除額は第六号様式別表九（欠損金額等及び災害損失金の控除明細書）から転記するが，法人税と事業税では，上述のとおり，所得金額が異なる場合があるため，繰越欠損金額も異なる場合があるが，本設例では，法人税と事業税の所得金額は同額であり，項目㉙には，第六号様式別表九から繰越欠損金の当期控除額④の123,482,079円を転記する。本設例では，第六号様式別表九は法人税の別表七（一）（欠損金又は災害損失金

※処理事項	発信年月日 通信日付印	確認印	整理番号	事務所	区分	管理番号	申告区分

第六号様式

受付印

年　月　日

東京都千代田都税事務所長　殿

法人番号	この申告の基礎	申告年月日
	法人税の　年　月　日の修正申告・更正・決定・再更正による。	年　月　日

所在地（本県が支店等の場合は本店所在地と併記）	東京都文京区本郷２－２５－６－４０６１ （電話　03-3817-7727　）	事業種目	サービス業
		期末現在の資本金の額又は出資金の額（解散日現在の資本金の額又は出資金の額）	500000000 （　）
（ふりがな）	フクドメサトシカブシキガイシャ	同上が１億円以下の普通法人のうち中小法人等に該当しないもの	非中小法人等
法人名	福留聡株式会社	期末現在の資本金の額及び資本準備金の額の合算額	500000000
（ふりがな）フクドメサトシ　代表者氏名印	福留聡	（ふりがな）フクドメヨシシゲ　経理責任者氏名 福留儀重	期末現在の資本金等の額 500000000

令和　1年10月　1日から令和　2年　9月30日までの　事業年度分又は連結事業年度分の　道府県民税・事業税・特別法人事業税・地方法人特別税　の　確定　申告書 ※

（事業税）

摘要			課税標準	税率（/100）	税額
所得割	所得金額総額（(68)－(69)）又は別表5(34)	㉗	123482079		
	年400万円以下の金額	㉘	4000000	0.495	19800
	年400万円を超え年800万円以下の金額	㉙	4000000	0.835	33400
	年800万円を超える金額	㉚	115482000	1.18	1362600
	計　㉘＋㉙＋㉚	㉛	123482000		1415800
	軽減税率不適用法人の金額	㉜			
付加価値割	付加価値額総額	㉝	350764157		
	付加価値額	㉞	350764000	1.26	4419600
資本割	資本金等の額総額	㉟	500000000		
	資本金等の額	㊱	500000000	0.525	2625000
収入割	収入金額総額	㊲			
	収入金額	㊳			
合計事業税額　㉛＋㉞＋㊱＋㊳又は㉜＋㉞＋㊱＋㊳		㊴			8460400
平成28年改正法附則第5条の控除額		㊵			

事業税の特定寄附金税額控除額	㊶		仮装経理に基づく事業税額の控除額	㊷	
差引事業税額　㊴－㊵－㊶－㊷	㊸	8460400	既に納付の確定した当期分の事業税額	㊹	
租税条約の実施に係る事業税額の控除額	㊺		この申告により納付すべき事業税額　㊸－㊹－㊺	㊻	8460400
㊻の内訳　所得割	㊼	1415800	付加価値割	㊽	4419600
㊻の内訳　資本割	㊾	2625000	収入割	㊿	
㊻のうち見込納付額	(51)		差引　㊻－(51)	(52)	8460400

（特別法人事業税又は地方法人特別税）

摘要		課税標準	税率（/100）	税額
所得割に係る特別法人事業税額又は地方法人特別税額	(53)	1198800	260	3116800
収入割に係る特別法人事業税額又は地方法人特別税額	(54)			
合計特別法人事業税額又は地方法人特別税額（(53)＋(54)）	(55)			3116800

仮装経理に基づく特別法人事業税額又は地方法人特別税額の控除額	(56)		差引特別法人事業税額又は地方法人特別税額　(55)－(56)	(57)	3116800
既に納付の確定した当期分の特別法人事業税額又は地方法人特別税額	(58)		租税条約の実施に係る特別法人事業税額又は地方法人特別税額の控除額	(59)	
この申告により納付すべき特別法人事業税額又は地方法人特別税額 (57)－(58)－(59)	(60)	3116800	(60)のうち見込納付額	(61)	
差引　(60)－(61)	(62)	3116800			

所得金額の計算の内訳

所得金額（法人税の明細書（別表4）の(34)）又は個別所得金額（法人税の明細書（別表4の2付表）の(42)）		(63)	246964157
加算	損金の額又は個別帰属損金額に算入した所得税額及び復興特別所得税額	(64)	
	損金の額又は個別帰属損金額に算入した海外投資等損失準備金勘定への繰入額	(65)	
減算	益金の額又は個別帰属益金額に算入した海外投資等損失準備金勘定からの戻入額	(66)	
	外国の事業に帰属する所得以外の所得に対して課された外国法人税額	(67)	
仮計　(63)＋(64)＋(65)－(66)－(67)		(68)	246964157
繰越欠損金額等若しくは災害損失金額又は債務免除等があった場合の欠損金額等の当期控除額		(69)	123482078
法人税の所得金額（法人税の明細書（別表4）の(47)）又は個別所得金額（法人税の明細書（別表4の2付表）の(54)）		(70)	123482079
法第15条の4の徴収猶予を受けようとする税額		(71)	

（道府県民税）

摘要		税額
（使途秘匿金税額等）法人税法の規定によって計算した法人税額	①	（　）28647824
試験研究費の額等に係る法人税額の特別控除額	②	
還付法人税額等の控除額	③	
退職年金等積立金に係る法人税額	④	
課税標準となる法人税額又は個別帰属法人税額　①＋②－③＋④	⑤	28647000
2以上の道府県に事務所又は事業所を有する法人における課税標準となる法人税額又は個別帰属法人税額	⑥	
法人税割額　（⑤又は⑥×　/100）	⑦	2979288
道府県民税の特定寄附金税額控除額	⑧	
外国関係会社等に係る控除対象所得税額等相当額又は個別控除対象所得税額等相当額の控除額	⑨	
外国の法人税等の額の控除額	⑩	
仮装経理に基づく法人税割額の控除額	⑪	
差引法人税割額　⑦－⑧－⑨－⑩－⑪	⑫	2979200
既に納付の確定した当期分の法人税割額	⑬	
租税条約の実施に係る法人税割額の控除額	⑭	
この申告により納付すべき法人税割額　⑫－⑬－⑭	⑮	2979200
均等割　算定期間中において事務所等を有していた月数	⑯	12月
均等割　290,000円×⑯/12	⑰	290000
均等割　既に納付の確定した当期分の均等割額	⑱	145000
均等割　この申告により納付すべき均等割額　⑰－⑱	⑲	145000
この申告により納付すべき道府県民税額　⑮＋⑲	⑳	3124200
⑳のうち見込納付額	㉑	
差引　⑳－㉑	㉒	3124200
東京都の場合の⑦の計算　特別区分の課税標準額	㉓	28647000
同上に対する税額　㉓×10.4/100	㉔	2979288
市町村分の課税標準額	㉕	
同上に対する税額　㉕×2/100	㉖	
還付請求　中間納付額	(72)	
還付を受けようとする金融機関及び支払方法		口座番号（　）

法人税の期末現在の資本金等の額又は連結個別資本金等の額	500000000
法人税の当期の確定税額又は連結法人税個別帰属支払額	28647800
決算確定の日	・　・
解散の日	・　・
残余財産の最後の分配又は引渡しの日	・　・
申告期限の延長の処分（承認）の有無	事業税　有・無　法人税　有・無
法人税の申告書の種類	(青色)・その他
この申告が中間申告の場合の計算期間	・　・ ～ ・　・
翌期の中間申告の要否	(要)・否
国外関連者の有無	有・無

署名押印　関与税理士　福留聡事務所　福留聡　（電話　03-6380-4698）

※処理事項	整理番号	事務所	区分	管理番号	申告区分

法人名	福留聡株式会社

	法人番号	
事業年度	令和 1 年 10 月 1 日から	
	令和 2 年 9 月 30 日まで	

基準法人所得割額及び基準法人収入割額に関する計算書

1. 基準法人所得割額の計算

	摘要		所得割の課税標準	税率(1/100)	基準法人所得割額
所得割	所 得 金 額 総 額	①	1,234,82,07,9		
	年 400 万 円 以 下 の 金 額	②	4,000,000	0.4	16,000
	年 400 万円を超え年 800 万円以下の金額	③	4,000,000	0.7	28,000
	年 800 万 円 を 超 え る 金 額	④	115,482,000	1	1,154,800
	計　②+③+④	⑤	123,482,000		1,198,800
	軽 減 税 率 不 適 用 法 人 の 金 額	⑥			

2. 基準法人収入割額の計算

	摘要		収入割の課税標準	税率(1/100)	基準法人収入割額
収入割	収 入 金 額 総 額	⑦			
	収 入 金 額	⑧			

の損金算入に関する明細書）と金額及び内容が同じのため，解説は省略する。

　上記項目㊸〜㊾に記載することで，項目㉗所得金額総額＝項目㋬−項目㋭で算定され，123,482,079円となる。項目㉛の金額を，項目㉘年400万円以下の金額，項目㉙年400万円を超え年800万円以下の金額，項目㉚年800万円を超える金額に分解して，それぞれに4,000,000円，4,000,000円，115,482,000円を記載し，それぞれに税率0.495％，0.835％，1.18％を乗じて税額を算定すると，それぞれ19,800円，33,400円，1,362,600円となり，計は1,415,800円となる。

　地方法人特別税を項目㊾〜㊷で算定する。地方法人特別税は，外形標準課税法人は税率260％，外形標準課税法人以外の法人は37％となり，本設例では，外形標準課税法人のため260％となる。

　項目㊾所得割に係る地方法人特別税額の課税標準は，六号様式別表十四の⑤の税額欄が記入され，本設例では，1,198,800円が転記され，税率260％を乗じて税額3,116,800円となる。本設例では，電気供給業・ガス供給業・保険業ではないため，収入割に係る地方法人特別税額はないため，項目㊻合計地方法人

特別税額も3,116,800円となり，項目㊽の期中の納付や項目㊻や㊾の控除項目がないため，項目㊿及び㊽も3,16,800円となる。

12　事業税外形標準課税の算定方法と事業税外形標準課税部分の第六号様式の作成方法

福留聡株式会社は資本金の額が1億円超の法人のため，外形標準課税法人である。

外形標準課税は付加価値割と資本割から構成され，

> 付加価値割＝付加価値（＝報酬給与額＋純支払利子＋純支払賃借料＋単年度損益）×税率
>
> 資本割＝資本金等の額×税率

でそれぞれ算定される。

これらは，本設例では，下記別表を用いて算定される。

・第六号様式（左側が事業税及び特別法人事業税，右側が道府県民税の計算）
・第六号様式別表五の二（付加価値割額及び資本金等の額の計算書）
・第六号様式別表五の三（報酬給与額に関する明細書）
・第六号様式別表五の四（純支払利子に関する明細書）
・第六号様式別表五の五（純支払賃借料に関する明細書）

（1）　付加価値割の別表の作成方法

第六号様式の項目㉞付加価値割＝付加価値額（項目㊴付加価値総額の千円未満切捨）×税率（東京都1.26％）で算定される。

第六号様式の項目㉝付加価値総額は，第六号様式別表五の二で項目⑪課税標準額となる付加価値額として算定される。

項目⑥付加価値額＝{項目④収益配分額（＝項目①報酬給与額＋項目②純支

払利子＋項目③純支払賃借料）＋項目⑤単年度損益}

　項目⑪課税標準額となる付加価値額＝項目⑥付加価値額－項目⑨雇用安定控除額－項目⑩雇用者給与等支給増加額

　人件費比率が高い業種への配慮のため，報酬給与額が収益配分額の70％を超える法人は，付加価値額から雇用安定控除額を控除することができ，雇用安定控除額は下記のとおり算定される。

　雇用安定控除額＝報酬給与額－（収益配分額×70％）

　項目①報酬給与額，項目②純支払利子，項目③純支払賃借料はそれぞれ第六号様式別表五の三，第六号様式別表五の四，第六号様式別表五の五で算定される。

　①　**報酬給与額を算定する第六号様式別表五の三の作成方法**

　報酬給与額を算定する第六号様式別表五の三を解説する。報酬給与額＝報酬・給与等の合計額（A）＋確定給付企業年金等の掛金（B）で算定される。

　報酬・給与等の合計額（A）は下記から構成される。

・役員・使用人に対する報酬・給料・賃金・賞与・退職手当等，その他これらの性質を有する給与

・雇用関係・これに準ずる関係に基づいて提供される労務提供の対価

・給与とは，原則，所得税において給与所得・退職所得とされるものをいう。

　確定給付企業年金等の掛金（B）は下記から構成される。

・退職金共済制度に基づく掛金

・確定給付企業年金に係る規約に基づく掛金・保険料

・企業型年金規約に基づく事業主掛金

・勤労者財産形成給付金契約に基づく信託金等

・勤労者財産形成基金契約に基づく信託金等

・厚生年金基金の事業主負担の掛金・徴収金（代行相当部分を除く）

・適格退職年金契約に基づく掛金・保険料

　報酬給与額は，法人税の所得の計算上損金の額に算入されるものに限られ，

※処理事項	整理番号		事務所	区分	管理番号		申告区分

第六号様式別表五の三

法人名	福留聡株式会社	法人番号					
		事業年度	令和 1 年 10 月 1 日から 令和 2 年 9 月 30 日まで				

報 酬 給 与 額 に 関 す る 明 細 書

役 員 又 は 使 用 人 に 対 す る 給 与

事務所又は事業所		期末の従業者数	給与の額	備　考
名称	所在地			
本社	東京都文京区本郷2-25-6-4061	10人	90,000,000円	
小　計 ①			90,000,000	
加算又は減算 ②				
計（①＋②）③			900000000	

役 員 又 は 使 用 人 の た め に 支 出 す る 掛 金 等

		円			円
退職金共済制度に基づく掛金	1		適格年金返還金額のうち厚生年金基金への事業主払込相当額	11	
確定給付企業年金に係る規約に基づく掛金又は保険料	2		適格年金返還金額のうち確定給付企業年金基金への事業主払込相当額	12	
企業型年金規約に基づく事業主掛金	3		適格年金返還金額のうち他の適格年金への事業主払込相当額	13	
個人型年金規約に基づく掛金	4		適格年金返還金額のうち特定退職金共済への事業主払込相当額	14	
勤労者財産形成給付金契約に基づく信託金等	5		適格年金の要留保額移管の場合における資産価額相当額	15	
勤労者財産形成基金契約に基づく信託金等	6		適格年金返還金額のうち企業型年金の個人別管理資産への事業主払込相当額	16	
厚生年金基金の事業主負担の掛金及び徴収金 8-9	7		適格年金返還金額のうち企業型年金の過去勤務債務等に充てる事業主払込相当額	17	
事業主として負担する掛金及び負担金の総額	8		小計 11+12+13+14+15+16+17 ⑤		
代行相当部分	9				
適格退職年金契約に基づく掛金及び保険料	10				
小計 1+2+3+4+5+6+7+10 ④			計 （④－⑤）⑥		

労 働 者 派 遣 等 に 係 る 金 額 の 計 算

労働者派遣等を受けた法人			労働者派遣等をした法人		
派遣元に支払う金額の合計 別表5の3の2① ⑦		円	派遣労働者等に支払う報酬給与額の合計 別表5の3の2② ⑨		円
⑦×75/100 ⑧			派遣先から支払を受ける金額の合計 別表5の3の2③ ⑩		
			⑨－（⑩×75/100）⑪		
報酬給与額の計算（③＋⑥＋⑧＋⑪）⑫		900000000			

69

下記は，報酬給与額に含まれない。

　・法人税の所得計算で損金経理されないもの

　・通勤手当・在勤手当のうち，所得税において非課税とされる相当額

　・適格退職年金の移管のための返還金額

　・法定福利費

　また，労働者派遣法又は船員職業安定法に基づく，労働者派遣又は船員派遣に係る報酬給与額も報酬給与額に含められ，労働者派遣又は船員派遣を受けた法人は，労働者派遣又は船員派遣の役務の提供の対価として，労働者派遣又は船員派遣をした者に支払う金額に75％を乗じた金額を報酬給与額に含める。

　労働者派遣をした法人は，派遣労働者に係る報酬給与額を限度として，労働者派遣の対価として労働者派遣の役務の提供を受けたものから支払を受ける金額に75％を乗じた額を報酬給与額から控除する。

　本設例では，報酬・給与等の合計額として，役員報酬20,000,000円（販売費及び一般管理費内訳書），給与手当40,000,000円（販売費及び一般管理費内訳書），退職給付引当金当期認容額20,000,000円（別表四減算額），賞与引当金当期認容額10,000,000円（別表四減算額）の合計90,000,000円が，役員又は使用人に対する給与となり，期末の従業者数は会社の概要の13．期末従事者数10人である。項目⑫報酬給与額の計算は，役員又は使用人に対する給与の90,000,000円となる。

　第六号様式別表五の三に記載すると左記のとおりになる。

② 純支払利子を算定する第六号様式別表五の四の作成方法

本設例においては，純支払利子は該当ないが，簡単に解説しておく。

純支払利子＝支払利子－受取利子で算定され，

受取利子が支払利子を上回る場合はゼロとなる。

　支払利子は，各事業年度において支払う負債の利子で，法人税において損金算入されるものであり，下記等から構成される。

　・手形の割引料

　・借入金の利息

　・社債の利息

　・従業員預り金，営業保証金，敷金その他これに準ずる預り金の利息

　・信用取引に係る利息

　受取利子は，各事業年度において支払を受ける利子で，法人税において益金算入されるものであり，下記等から構成される。

　・手形の割引料

　・貸付金の利息

　・国債，地方債及び社債の利息

　・営業保証金，敷金その他これらに準ずる預け金の利息

　・信用取引に係る利息

　・合同運用信託，公社債投資信託及び公募公社債等運用投資信託の収益として配分されるもの

　第六号様式別表五の四は，下記のとおりになる。

※処理事項	整理番号	事務所	区分	管理番号	申告区分

法人名	福留聡株式会社

法人番号				
事　業年　度	令和	1 年	10 月	1 日から
	令和	2 年	9 月	30 日まで

純支払利子に関する明細書

支 払 利 子					
区　分	借　入　先		期中の支払利子額	借入金等の期末現在高	備　考
	氏名又は名称	住所又は所在地			
			円	円	
計			① 兆 十億 百万 千 円		

受 取 利 子					
区　分	貸　付　先		期中の受取利子額	貸付金等の期末現在高	備　考
	氏名又は名称	住所又は所在地			
			円	円	
計			② 兆 十億 百万 千 円		

純支払利子の計算（①−②）	③ 兆 十億 百万 千 円

72

③　純支払賃借料を算定する第六号様式別表五の五の作成方法

純支払賃借料を算定する第六号様式別表五の三を解説する。

純支払賃借料＝支払賃借料－受取賃借料で算定され，

受取賃借料が支払賃借料を上回る場合はゼロとなる。

支払賃借料は，土地又は家屋の賃借権，地上権，永小作権その他の土地又は家屋の使用又は収益を目的とする権利で，その存続期間が1月以上であるものの対価として支払う金額で，法人税において損金算入されるものである。

なお，土地又は家屋（住宅，店舗，工場，倉庫その他の建物をいう）には，これらと一体となって効用を果たす構築物及び附属設備を含む。

受取賃借料は，支払賃借料と同様に賃借権等の対価として受け取る金額で，法人税において益金算入されるものである。

本設例においては，販売費及び一般管理費内訳書によると，地代家賃24,000,000円が支払賃借料に該当し，受取賃借料はないため，項目③純支払賃借料の計算は，支払賃借料の24,000,000円となる。

第六号様式別表五の五に記載すると下記のとおりになる。

※処理事項	整理番号	事務所	区分	管理番号	申告区分

法人名	福留聡株式会社	法人番号						
		事業年度	令和	1	年	10	月	1	日から
			令和	2	年	9	月	30	日まで

純支払賃借料に関する明細書

支払賃借料

土地の用途又は家屋の用途若しくは名称 所在地	貸主の氏名又は名称 住所又は所在地	契約期間	期中の支払賃借料	備考
事務所 東京都文京区本郷2-25-6-4061		令和 1年10月 1日から 令和 2年 9月30日まで	24,000,000 円	
		年 月 日から 年 月 日まで		
		年 月 日から 年 月 日まで		
		年 月 日から 年 月 日まで		
		年 月 日から 年 月 日まで		
		年 月 日から 年 月 日まで		
		年 月 日から 年 月 日まで		
		年 月 日から 年 月 日まで		
		年 月 日から 年 月 日まで		
計			① 24000000	

受取賃借料

土地の用途又は家屋の用途若しくは名称 所在地	借主の氏名又は名称 住所又は所在地	契約期間	期中の受取賃借料	備考
		年 月 日から 年 月 日まで	円	
		年 月 日から 年 月 日まで		
		年 月 日から 年 月 日まで		
		年 月 日から 年 月 日まで		
		年 月 日から 年 月 日まで		
		年 月 日から 年 月 日まで		
		年 月 日から 年 月 日まで		
		年 月 日から 年 月 日まで		
		年 月 日から 年 月 日まで		
計			②	

純支払賃借料の計算 (①-②)	③	24000000

74

④　付加価値額の計算をする第六号様式別表五の二の作成方法

　第六号様式別表五の二の項目①報酬給与額は，別表五の三⑫の報酬給与額90,000,000円を転記，項目②純支払利子は，本設例では該当なし，項目③純支払賃借料は，別表五の五③24,000,000円を転記，項目④収益配分額は，これら①，②，③の合計で114,000,000円，項目⑤単年度損益は，第六号様式項目⑱の246,964,157円を転記する。

　各事業年度の単年度損益は，欠損金の繰越控除を行わなかったものとした場合における法人事業税の所得となる。なお，各事業年度の単年度損益の計算において欠損金額が生じた場合には，当該欠損金額を収益配分額（報酬給与額，純支払利子，純支払賃借料の合計額）から控除する。

　項目⑥付加価値額は，項目④収益配分額と⑤単年度損益の合計で360,964,157円となる。項目⑦収益配分額のうちに報酬給与の占める割合は，項目①報酬給与額90,000,000円÷項目④収益配分額114,000,000円で79％となり，①報酬給与額90,000,000円が70％の79,800,000円を超えるため，超える金額である10,200,000円を雇用安定控除額として，⑥付加価値額360,964,157円から控除した金額350,764,157円が，項目⑪課税標準となる付加価値額として算定される。

　項目⑪課税標準となる付加価値額350,764,157円は，第六号様式項目㉝付加価値総額に転記され，千円未満を切捨てた項目㉞付加価値額350,764,000円に税率1.26％を乗じて付加価値割4,419,600円が算定され，期中納付もないため，項目㊻この申告により納付すべき事業税額の内訳である項目㊽付加価値割も4,419,600円となる。

（2）　資本割の別表の算定方法

　資本割の課税標準となる資本金等の額は，原則として，法人税法第2条第16号に規定する資本金等の額又は同条第17号の2に規定する連結個別資本金等の額による。

　法人税法上，資本金等の額は，資本金の額又は出資金の額と法人税法上の資本剰余金額から構成される。

ただし，無償増資，無償減資等を行った場合は，調整後の金額となる。

法第72条の21によると，

・各事業年度終了の日における資本金等の額で算定する。

・清算中の法人については，ないものとみなす。

・事業年度が１年に満たない場合は月数按分する。

・特定子会社の株式又は出資に係る控除措置がある。

・資本金等の額が1,000億円を超える場合の圧縮措置がある。

・地方税法附則による特例措置がある。

本設例では，第六号様式別表五の二の2．資本金等の額の明細の項目１資本金の額と項目２資本金等の額は，500,000,000円で同額であり，期中の増減はないため，項目㉔差引期末現在の金額も同額となり，項目㉔の金額が1．付加価値額及び資本金等の額の計算の項目⑫資本金等の額に500,000,000円が転記され，項目⑫当該事業年度の月数は12月のため⑫資本金等の額500,000,000円を月数按分しても項目⑭は500,000,000円となり，控除額なく，資本金は1,000億円以下のため，項目⑯差引，項目⑰⑯のうち1,000億円以下の金額，項目⑳課税標準となる資本金等の額も500,000,000円となる。

項目⑳課税標準となる資本金等の額500,000,000円は，第六号様式項目㉟資本金等の額総額に転記され，千円未満を切捨てた項目㉚資本金等の額500,000,000円に税率0.525％を乗じて資本割2,625,000円が算定され，期中納付もないため，項目㊻この申告により納付すべき事業税額の内訳である項目㊾資本割も2,625,000円となる。

付加価値割，資本割を第六号様式別表五の二に記載すると下記のとおりになる。

※処理事項	整理番号	事務所	区分	管理番号	申告区分

法人番号			

法人名	福留聡株式会社	事業年度	令和 1 年 10 月 1 日から 令和 2 年 9 月 30 日まで

付 加 価 値 額 及 び 資 本 金 等 の 額 の 計 算 書

1. 付加価値額及び資本金等の額の計算

付 加 価 値 額 の 計 算			資 本 金 等 の 額 の 計 算		
収益配分額の計算	報酬給与額 別表5の2の3③ 又は別表5の3⑫	① 90000000	資本金等の額 下表②若しくは下表③④又は別表5の2の3② 若しくは別表5の2の3⑩	⑫ 500000000	
	純支払利子 別表5の2の3④ 又は別表5の4③	②	当該事業年度の月数	⑬ 12月	
	純支払賃借料 別表5の2の3⑤ 又は別表5の5③	③ 24000000	⑫×⑬/12	⑭ 500000000	
	収益配分額 ①+②+③	④ 114000000	控除額計 別表5の2の3⑫、別表5の2の3⑪ 若しくは別表5の2の3㉞又は別表5の2の4⑩	⑮	
単年度損益 第6号様式㉘又は別表5㉔		⑤ 246964157	差引 ⑭−⑮	⑯ 500000000	
付加価値額 ④+⑤		⑥ 360964157	⑯のうち1,000億円以下の金額	⑰ 500000000	
収益配分額のうちに報酬給与額の占める割合 ①／④		⑦ 79 %	⑯のうち1,000億円を超え 5,000億円以下の金額 ×50/100	⑱ 0	
雇用安定控除額の計算	④×70/100	⑧ 79800000	⑯のうち5,000億円を超え 1兆円以下の金額 ×25/100	⑲ 0	
	雇用安定控除額 ①−⑧	⑨ 10200000	課税標準となる資本金等の額 ⑰+⑱+⑲	⑳ 500000000	
雇用者給与等支給増加額 別表5の6の2㉗		⑩			
課税標準となる付加価値額 ⑥−⑨−⑩		⑪ 350764157			

2. 資本金等の額の明細

区 分		期首現在の金額 ㉑	当期中の減少額 ㉒	当期中の増加額 ㉓	差引期末現在の金額 ㉔ （㉑−㉒+㉓）
資 本 金 の 額 又 は 出 資 金 の 額	1	500000000			500000000
資本金の額及び資本準備金 の 額 の 合 算 額	2	500000000			500000000
法人税の資本金等の額又は 連結個別資本金等の額	3	500000000			500000000
期中に金額の増減が あった場合の理由等					

13　道府県民税の算定方法と道府県民税部分の第六号様式の作成方法

　第六号様式の右側が道府県民税になり，道府県民税には，法人税額に税率を乗じて算定する法人税割と資本金等の額によって決まる均等割額がある。なお，東京都民税の均等割額は，東京都特別区所在の会社は，資本金等のみでなく，資本金等と特別区内の従業者数で決まる。法人税割額は項目①〜⑮で，均等割

額は，項目⑯〜⑲で算定する。

　法人税割額は項目①法人税法の規定によって計算した法人税額に法人税申告書別表一（一）の項目10法人税額計28,647,824円を転記する。項目②〜⑤は該当がないため，項目①の金額を切捨てした28,647,000円が項目⑤課税標準となる法人税額となる。福留聡株式会社は，特別区である文京区に本社が所在する会社であるため，東京都に申告する場合の⑦（法人税割額）の計算（項目㉓及び㉔）で項目⑦法人税割が算定される。

　項目㉓特別区分の課税標準額には，項目⑤と同額の28,647,000円が転記され，福留聡株式会社は，資本金の額が1億円超で超過税率適用会社のため，法人税割は10.4％の税率が適用され，項目㉕同上に対する税額は，28,647,000円×10.4％で2,979,288円が算定され，項目⑦法人税割額と同額となり，項目⑫差引法人税割額，この申告により納付すべき法人税割額は，控除額や期中納付額等がないため，100円未満を切捨てした2,979,200円となる。

　均等割額は，項目⑯〜⑲で算定されるが，本設例では，第六号様式別表四の三を利用して均等割額を算定後，項目⑰に転記する。福留聡株式会社は，特別区である文京区に本社が所在する会社であり，他に事務所等はなく，会社の概要8．資本金　500,000,000円，13．期末従事者数10人をもとに都民税の均等割の税率表を参照すると，均等割額は290,000円になるため，第六号様式別表四の三の均等割額の計算の区分が特別区のみに事務所等を有する場合，主たる事務所等所在の特別区，事務所等の従業者数50人以下②に税率（年額）（ア）に290,000円を，月数（イ）に算定期間中において事務所等を有していた月数（切捨）に12を記入し，税額計算で290,000円となり，納付すべき均等割額⑧も290,000円となる。第六号様式別表四の三で算定したように六号様式では，項目⑯算定期間中において事務所等を有していた月数に12を転記し，項目⑰は均等割額290,000円となり，項目⑱既に納付した当期分の均等割額145,000円を控除し，項目⑲この申告により納付すべき均等割額は145,000円となる。項目⑳この申告により納付すべき道府県民税額は，項目⑮法人税割額2,979,200円と項目⑲の均等割額145,000円の合計3,124,200円となり，そのうち見込納付額

はないので項目㉒差引も 3,124,200 円となる。

　均等割額を第六号様式別表四の三に，道府県民税を第六号様式に記載すると下記のとおりになる。

均等割額の計算に関する明細書				
事業年度	令和 1 年 10 月 1 日から 令和 2 年 9 月 30 日まで	法人名　福留聡株式会社		

事務所、事業所又は寮等(事務所等)の従業者数の明細

東京都内における主たる事務所等の所在地	事務所等を有していた月数	従業者数の合計数
東京都文京区本郷2-25-6-4061	12 月	10 人

特別区内における従たる事務所等

	所在地	名称(外　箇所)	月数	従業者数の合計数
1	千代田区	(外　箇所)		人
2	中央区	(外　箇所)		
3	港　区	(外　箇所)		
4	新宿区	(外　箇所)		
5	文京区	(外　箇所)		
6	台東区	(外　箇所)		
7	墨田区	(外　箇所)		
8	江東区	(外　箇所)		
9	品川区	(外　箇所)		
10	目黒区	(外　箇所)		
11	大田区	(外　箇所)		
12	世田谷区	(外　箇所)		
13	渋谷区	(外　箇所)		
14	中野区	(外　箇所)		
15	杉並区	(外　箇所)		
16	豊島区	(外　箇所)		
17	北　区	(外　箇所)		
18	荒川区	(外　箇所)		
19	板橋区	(外　箇所)		
20	練馬区	(外　箇所)		
21	足立区	(外　箇所)		
22	葛飾区	(外　箇所)		
23	江戸川区	(外　箇所)		
合　計 (主たる事務所等の従業者数の合計数を含む。)				1,0

市町村の存する区域内における従たる事務所等

名称 (外　箇所)	所在地
(外　箇所)	

当該事業年度又は連結事業年度(算定期間)中の従たる事務所等の設置・廃止及び主たる事務所等の異動

異動区分	異動の年月日	名称	所在地
設置			
廃止			
旧の主たる事務所等	(　月)		

均等割額の計算

	区分	税率(年額)(ア)	月数(イ)	区数(ウ)	税額計算 ((ア)×(イ)/12×(ウ))
特別区のみに事務所等を有する場合	主たる事務所等所在の特別区　事務所等の従業者数50人超 ①	円			円
	事務所等の従業者数50人以下 ②	2,9,0,0,0,0	1,2		2,9,0,0,0
	従たる事務所等所在の特別区　事務所等の従業者数50人超 ③				
	事務所等の従業者数50人以下 ④				
特別区と市町村に事務所等を有する場合	道府県分 ⑤				
	特別区(市町村分)　事務所等の従業者数50人超 ⑥				
	事務所等の従業者数50人以下 ⑦				
納付すべき均等割額 ①+②+③+④又は⑤+⑥+⑦ ⑧					2,9,0,0,0,0

備考

受付印	年　月　日	法人番号	整理番号　事務所　区分　管理番号　申告区分

東京都千代田都税事務所長　殿

この申告の基礎	申告年月日
法人税の　年　月　日　修正・更正・決定・再更正による。	年　月　日

所在地 本県が支店等の場合は本店所在地と併記	東京都文京区本郷2−25−6−4061 （電話 03-3817-7727 ）	事業種目	サービス業

	期末現在の資本金の額 又は出資金の額 （解散日現在の資本金の額 又は出資金の額）	十億 百万 千 円 5 0 0 0 0 0 0 0

（ふりがな）フクドメサトシカブシキガイシャ	同上が1億円以下の普通法人のうち中小法人等に該当しないもの	非中小法人等
法人名 福留聡株式会社		

（ふりがな）フクドメサトシ	（ふりがな）フクドメヨシシゲ	期末現在の資本金の額及び資本準備金の額の合算額	十億 百万 千 円 5 0 0 0 0 0 0 0
代表者氏名印 福留聡	経理責任者氏名 福留儀重	期末現在の資本金等の額	5 0 0 0 0 0 0 0

令和 1 年 10 月 1 日から令和 2 年 9 月 30 日までの 事業年度分又は連結事業年度分 の 確定 申告書

（事業税）

摘要		課税標準	税率100	税額
所得割	所得金額総額 (68−69) 又は別表5 (34) ㉗	百万 千 円 1,234,820,79		百万 千 円
	年400万円以下の金額 ㉘	4,000,000	0.495	1,9800
	年400万円を超え年800万円以下の金額 ㉙	4,000,000	0.835	3,3400
	年800万円を超える金額 ㉚	1,154,820,00	1.18	1,362,600
	計 ㉘+㉙+㉚ ㉛	1,234,820,00		1,415,800
	軽減税率不適用法人の金額 ㉜			
付加価値割	付加価値額総額 ㉝	3,507,641,57		
	付加価値額 ㉞	3,507,640,00	1.26	4,419,600
資本割	資本金等の額総額 ㉟	5,000,000,00		
	資本金等の額 ㊱	5,000,000,00	0.525	262,500
収入割	収入金額総額 ㊲			
	収入金額 ㊳			
合計事業税額 ㉛+㉞+㊱+㊳又は㉜+㉞+㊱+㊳ ㊴				8,460,400
平成28年改正法附則第5条の控除額 ㊵				

事業税の特定寄附金税額控除額 ㊶		仮装経理に基づく事業税額の控除額 ㊷	
差引事業税額 ㊴−㊵−㊶−㊷ ㊸	8,460,400	既に納付の確定した当期分の事業税額 ㊹	
租税条約の実施に係る事業税額の控除額 ㊺		この申告により納付すべき事業税額 ㊸−㊹−㊺ ㊻	8,460,400
㊻の内訳 所得割 ㊼	1,415,800	付加価値割 ㊽	4,419,600
資本割 ㊾	262,500,00	収入割 ㊿	
㊻のうち見込納付額 (51)		差引 ㊻−(51) (52)	8,460,400

（特別法人事業税又は地方法人特別税）

摘要		課税標準	税率100	税額
所得割に係る特別法人事業税額又は地方法人特別税額 (53)		十億 百万 千 円 11,988,00	260	百万 千 円 3,116,800
収入割に係る特別法人事業税額又は地方法人特別税額 (54)				
合計特別法人事業税額又は地方法人特別税額 (53)+(54) (55)				3,116,800
仮装経理に基づく特別法人事業税額又は地方法人特別税額の控除額 (56)				3,116,800
差引特別法人事業税額又は地方法人特別税額 (57)				
既に納付の確定した当期分の特別法人事業税額又は地方法人特別税額 (58)				
租税条約の実施に係る特別法人事業税額又は地方法人特別税額の控除額 (59)				
この申告により納付すべき特別法人事業税額又は地方法人特別税額 (60)			3,116,800	(60)のうち見込納付額 (61)
		差引 (62)		

（道府県民税）

（使途秘匿金税額等）法人税法の規定によって計算した法人税額 ①		百万 千 円 28,647,824
試験研究費の額等に係る法人税額の特別控除額 ②		
還付法人税額等の控除額 ③		
退職年金等積立金に係る法人税額 ④		
課税標準となる法人税額 ①−②−③+④ ⑤		28,647,00
2以上の道府県に事務所又は事業所を有する法人における課税標準となる法人税額及び法人税割額 ⑥		
法人税割額 （⑤又は⑥×100） ⑦		2,979,288
道府県民税の特定寄附金税額控除額 ⑧		
外国関係会社等に係る控除対象所得税額等相当額又は個別控除対象所得税額等相当額の控除額 ⑨		
外国の法人税等の額の控除額 ⑩		
仮装経理に基づく法人税割額の控除額 ⑪		
差引法人税割額 ⑦−⑧−⑨−⑩−⑪ ⑫		2,979,200
既に納付の確定した当期分の法人税割額 ⑬		
租税条約の実施に係る法人税割額の控除額 ⑭		
この申告により納付すべき法人税割額 ⑫−⑬−⑭ ⑮		2,979,200

均等割額	算定期間中において事務所等を有していた月数	12 月
	290,000 円×(16)/12 ⑰	2,900,00
	既に納付の確定した当期分の均等割額 ⑱	1,450,00
	この申告により納付すべき均等割額 ⑰−⑱ ⑲	1,450,00

この申告により納付すべき道府県民税額 ⑮+⑲ ⑳		3,124,200
⑳のうち見込納付額 (21)		
差引 ⑳−(21) (22)		3,124,200

東京都に申告する場合	特別区分の課税標準額 (23)	28,647,00
	同上に対する税額 (23)×10.4/100 (24)	2,979,288
	市町村分の課税標準額 (25)	
	同上に対する税額 (25)×/100 (26)	

還付請求	中間納付額 (72)	
	還付を受けようとする金融機関及び支払方法 口座番号 ( )	

所得金額の計算の内訳	所得金額（法人税の明細書（別表4）の(34)）又は個別所得金額（法人税の明細書（別表4の2付表）の(42)） ㊳	百万 千 円 246,964,157
加算	損金の額又は個別帰属損金額に算入した所得税額 ㊴	
	損金の額又は個別帰属損金額に算入した海外投資等損失準備金勘定への繰入額 ㊵	
減算	益金の額又は個別帰属益金額に算入した海外投資等損失準備金勘定からの戻入額 ㊶	
	外国の事業に帰属する所得以外の所得に対して課された外国法人税額 ㊷	
	仮計 ㊳+㊴+㊵−㊶−㊷ ㊸	246,964,157
	繰越欠損金額若しくは災害損失金額又は債務免除等があった場合の欠損金額等の当期控除額 ㊹	123,482,078
法人税の所得金額（法人税の明細書（別表4）の(47)）又は個別所得金額（別表4の2付表）の(54) ㊺		123,482,079

法第15条の4の徴収猶予を受けようとする税額 (71)	

退職年金等積立金に係る法人税額	十億 百万 千 円
翌期の中間申告の要否 要・否	否

期末現在の資本金の額又は出資金の額又は連結個別資本金等の額	十億 百万 千 円 5,000,000,00
法人税の当期の確定税額又は連結法人税個別帰属支払額	28,647,800
決算確定の日	・　・
解散の日	・　・
残余財産の最後の分配又は引渡しの日	・　・
申告期限の延長の処分（承認）の有無	事業税 有・無　法人税 有・無
法人税の申告書の種類	青色・その他
この申告が中間申告の場合の計算期間	・　・ から ・　・ まで
国外関連者の有無	有・無

関与税理士 署名押印 福留聡事務所 福留聡 （電話 03-6380-4698）

14　外形標準課税及び法人税，住民税及び事業税の仕訳の計上とこれらの仕訳を反映した決算書の作成

　これまでの解説から，法人税は28,647,800円，地方法人税は2,950,600円，道府県民税は均等割額290,000円（ただし，既に中間納付額145,000円は法人税，住民税及び事業税に計上され納付済みである）と法人税割額2,979,200円合計の3,269,200円，事業税は，所得割1,415,800円，特別法人事業税額が3,116,800円，付加価値割額が4,419,600円，資本割額が2,625,000円となる。申告書を作成することで，各種税金ごとに課税標準額，年間税額，既納付額，申告納付額等を要約した納付税額一覧表及び事業税・道府県民税内訳表が作成される。なお，本設例ではないが，市町村民税もあれば市町村民税内訳表も作成される。

　なお，追加で計上される法人税，住民税及び事業税は，28,647,800円＋2,950,600円＋145,000円（＝290,000円−145,000円）＋2,979,200円＋1,415,800円＋3,116,800円＝39,255,200円，租税公課（外形標準課税）は，4,419,600円＋2,625,000円＝7,044,600円となり，法人税，住民税及び事業税及び租税公課（外形標準課税）の合計が46,299,800円となり未払法人税等として計上される。なお，上述したように，既に中間納付額145,000円は法人税，住民税及び事業税に計上されている。

　上記を仕訳にすると下記のとおりになる。

　（借方）租　税　公　課　　7,044,600　　　（貸方）未払法人税等　46,299,800
　　　　　（外形標準課税）

　（借方）法人税，住民税　　39,255,200
　　　　　及　び　事　業　税

上記仕訳を決算書に反映させると下記のとおり決算書が修正される。

貸借対照表（その他有価証券評価差額金除く税効果会計適用前）
令和2年9月30日現在
福留聡株式会社 （単位： 円）

科　目	金　額	科　目	金　額
流動資産	382,113,105	流動負債	246,444,800
現金及び預金	83,613,105	買掛金	100,145,000
売掛金	300,000,000	未払金	60,000,000
貸倒引当金	△1,500,000	賞与引当金	20,000,000
		未払法人税等	46,299,800
		未払消費税等	20,000,000
固定資産	617,886,895	固定負債	63,062,000
有形固定資産	449,000,000	退職給付引当金	50,000,000
建物	195,000,000	役員退職慰労引当金	10,000,000
工具器具備品	4,000,000	繰延税金負債	3,062,000
土地	250,000,000	負債合計	309,506,800
		株主資本	683,555,200
		資本金	500,000,000
		利益剰余金	183,555,200
		利益準備金	20,000,000
		その他利益剰余金	163,555,200
投資その他の資産	168,886,895	別途積立金	10,000,000
投資有価証券	100,000,000	繰越利益剰余金	153,555,200
繰延税金資産	68,886,895	評価・換算差額等	6,938,000
破産更生債権等	2,000,000	その他有価証券評価差額金	6,938,000
貸倒引当金	△2,000,000	純資産合計	690,493,200
資産合計	1,000,000,000	負債及び純資産合計	1,000,000,000

損益計算書（その他有価証券評価差額金除く税効果会計適用前）
自　令和1年10月1日～至　令和2年9月30日
福留聡株式会社　　　　　（単位： 円）

科　目	金　額
売上高	1,000,000,000
売上原価	560,000,000
売上総利益	440,000,000
販売費及び一般管理費	207,044,600
営業利益	232,955,400
経常利益	232,955,400
特別損失	100,000,000
減損損失	100,000,000
税引前当期純利益	132,955,400
法人税，住民税及び事業税	39,400,200
当期純利益	93,555,200

最終販売費及び一般管理費内訳書
自　令和１年10月１日〜至　令和２年９月30日
福留聡株式会社　　　　　　　（単位：　円）

科　目	金　額
役員報酬	20,000,000
給与手当	40,000,000
賞与引当金繰入額	20,000,000
退職給付費用	10,000,000
役員退職慰労引当金繰入額	2,000,000
法定福利費	8,000,000
福利厚生費	5,000,000
荷造運賃	4,000,000
広告宣伝費	1,000,000
寄附金	2,500,000
会議費	200,000
旅費交通費	2,500,000
通信費	1,000,000
消耗品費	200,000
事務用品費	400,000
修繕費	5,000,000
水道光熱費	2,000,000
新聞図書費	2,000,000
諸会費	2,000,000
支払手数料	28,000,000
地代家賃	24,000,000
保険料	5,000,000
租税公課	12,044,600
減価償却費	6,000,000
貸倒引当金繰入額	2,000,000
雑費	2,200,000
販売費及び一般管理費合計	207,044,600

株 主 資 本 等 変 動 計 算 書（その他有価証券評価差額金除く税効果会計適用前）

自　令和　1　年　10　月　1　日
至　令和　2　年　9　月　30　日

福留聡株式会社

（単位：　円）

	株　　　主　　　資　　　本						評価・換算差額等		純資産合計
	資本金	利　益　剰　余　金				株主資本合計	その他有価証券評価差額金	評価・換算差額等合計	
		利益準備金	その他利益剰余金		利益剰余金合計				
			別途積立金	繰越利益剰余金					
当期首残高	500,000,000	20,000,000	10,000,000	70,000,000	100,000,000	600,000,000	5,550,400	5,550,400	605,550,400
当期変動額									
新株の発行									
剰余金の配当				△10,000,000	△10,000,000	△10,000,000			△10,000,000
当期純利益				93,555,200	93,555,200	93,555,200			93,555,200
株主資本以外の項目の当期変動額（純額）							1,387,600	1,387,600	1,387,600
当期変動額合計				83,555,200	83,555,200	83,555,200	1,387,600	1,387,600	1,387,600
当期末残高	500,000,000	20,000,000	10,000,000	153,555,200	183,555,200	683,555,200	6,938,000	6,938,000	690,493,200

15　別表五（二）の作成方法及び別表五（一）未納法人税等の作成方法

　別表五（二）（租税公課の納付状況等に関する明細書）は，別表五（一）の利益積立金の計算上控除する法人税等の税額の発生及び納付の状況並びに納税充当金の積立又は取崩の状況を明らかにするために作成する。

　別表五（二）は，租税公課の納付状況と納税充当金の計算の2つに区分される。

　租税公課の納付状況は，法人税，道府県民税，市町村民税（本設例では該当なし），事業税，その他に区分し，①期首現在未納税額，②当期発生税額，③〜⑤当期中の納付税額，⑥期末現在未納税額を記入する。

　別表五（二）作成にあたり，参考資料5．租税公課に関する資料を参照されたい。

〔参 考 資 料〕

5. 租税公課に関する資料

（1）当期の外形標準課税以外の租税公課に関する内訳は下記のとおりである。

  ① 印紙税   1,000,000円

  ② 固定資産税   4,000,000円

（2）当期の法人税，住民税，事業税の内訳は下記のとおりである。

  ① 中間申告分法人税   0円

  ② 中間申告分道府県民税   145,000円

  ③ 中間申告分事業税   0円

  ④ 未払法人税等の計上額   46,299,800円

（3）未払法人税等の異動状況は次のとおりである。

  ① 期首残高   290,000円

  ② 前期確定法人税の納付   0円

  ③ 前期確定道府県民税の納付   △290,000円

  ④ 前期確定事業税の納付   0円

  ⑤ 期末見積計上額   46,299,800円

  ⑥ 期末残高   46,299,800円

---

 ①期首現在未納税額は前期末の⑥期末現在未納税額を記入する。本設例では，前期は欠損のため，道府県民税の均等割のみ290,000円発生しており，①期首現在未納税額に転記する。

 ②当期発生税額には，中間分の税額を法人税は項目3，道府県民税は項目8，市町村民税は項目13，事業税は項目18に記入する。本設例では，道府県民税の均等割145,000円を⑤損金経理による納付しており，項目8に145,000円を記入する。なお，本設例では，該当ないが，事業税の前期確定分の税額は①期首現在未納税額ではなく，②当期発生税額に記入する。

 通常，前期の確定分の税額は，納税充当金を取崩して納付するため，③充当

金取崩しによる納付に記入し，当期分の中間は損金経理するため，⑤損金経理による納付に記入する。

　本設例においても，前期の確定税額は東京都民税の均等割290,000円のみであり，前年度の対象期間を項目7に記入し，①期首現在未納税額に290,000円を記入し，③充当金取崩しによる納付に同額を記入する。

　また，当期分の東京都民税の均等割の中間納付額145,000円は，②当期発生税額に145,000円を記入し，損金経理しているため，⑤損金経理による納付にも同額を記入する。

　当期分の確定税額には，法人税は，法人税申告書別表一（一）の項目16差引確定法人税額28,647,800円，項目44差引確定地方法人税額2,950,600円の合計31,598,400円を項目4②当期発生税額に転記し，道府県民税は，第六号様式項目㉒差引3,124,200円を項目11②当期発生税額に転記する。

　その他には，法人税，道府県民税，市町村民税，事業税以外の税金について，損金算入のもの，損金不算入のものに区分して同様に記載する。本設例においては，印紙税1,000,000円，固定資産税4,000,000円があり，既に期中で納付済みで，損金経理により租税公課勘定で費用計上されているため，②当期発生税額及び⑤損金経理による納付にそれぞれ記載し，期末現在未納税額は0となる。

　納税充当金は，項目30期首納税充当金は，前期の別表五（二）の項目41期末納税充当金を記載するが，本設例では，5．租税公課に関する資料（3）未払法人税等の異動状況は次のとおりである。を参考に，期首残高290,000円を記載する。

　当期における納税充当金繰入額を，項目31損金経理をした納税充当金及び34に記入する。本設例では，46,299,800円を記入する。

　取崩額は，項目34法人税額等には，項目5法人税③充当金取崩しによる納付，項目10道府県民税③充当金取崩しによる納付，項目15③充当金取崩しによる納付（市町村民税がある場合）の合計額である290,000円を記入する。項目35事業税は，項目19事業税③充当金取崩しによる納付を記入するが，本設例では0円である。

　通常，項目30期首納税充当金は，取崩額に同額記入され0円となり，項目31損金経理をした納税充当金が項目41期末納税充当金になる。本設例でも，項目30期首納税充当金290,000円は，取崩額の項目34法人税額等290,000円で0円となり，項目31損金経理をした納税充当金46,299,800円がそのまま項目41期末納税充当金46,299,800円となる。

　別表五（二）に記入した金額は，別表四に転記され，以下のとおりになる。

・本設例では，該当ないが，別表五（二）の項目5法人税の⑤損金経理による納付の計⇒別表四項目2損金の額に算入した法人税（附帯税を除く）

・別表五（二）項目10の⑤損金経理による納付と項目15市町村民税の計の⑤損金経理による納付の合計145,000円⇒別表四項目3損金の額に算入した道府県民税（利子割額を除く）及び市町村民税145,000円

・本設例では，該当はないが，別表五（二）その他の損金不算入のもの項目24〜28の⑤損金経理による納付⇒別表四項目5損金の額に算入した附帯税（利子税除く），加算金，延滞金（延納分を除く）及び過怠税

・別表五（二）項目31損金経理をした納税充当金46,299,800円⇒別表四項目4損金の額に算入した納税充当金46,299,800円

・本設例では，該当ないが，別表五（二）項目35取崩額の事業税⇒別表四項目13納税充当金から支出した事業税等の金額

　別表五（二）から別表五（一）項目27納税充当金及び28〜30の未納法人税等へ転記する方法を解説する。

　別表五（一）項目27納税充当金は，①期首現在利益積立金額には，前期の④差引翌期首現在利益積立金額290,000円を記入し，別表五（二）取崩額290,000円を別表五（一）当期の増減の②減に記入し，別表五（二）繰入額46,299,800円を別表五（一）当期の増減の③増に記入すると，別表五（一）④差引翌期首現在利益積立金額は，別表五（二）項目41期末納税充当金46,299,800円と一致し，貸借対照表の未払法人税等と一致する。

　別表五（一）の未納法人税等の項目28未納法人税，項目29未納道府県民税，項目29未納市町村民税は，①期首現在利益積立金額には，前期の④差引翌期

首現在利益積立金額を記入し，当期増減の②減は，当期納付税額を，③増には，中間には中間納付税額を，確定には，確定税額を記入する。税金の滞納等がない限り，通常①期首現在利益積立金額＋当期増減の③増の中間＝当期増減の②減になり，当期増減の③増の確定＝④差引翌期首現在利益積立金額となる。

　本設例において，未納法人税は，①，②，③とも該当なく，別表五（二）法人税及び地方法人税の当期発生税額②31,598,400円を当期増減の③増の確定に転記し，④差引翌期首現在利益積立金額も31,598,400円となる。

　未納道府県民税は，①は290,000円，②の中間は別表五（二）道府県民税の当期分中間8の当期発生税額②145,000円を転記し，③は，①と②の合計435,000円を転記し，確定は，別表五（二）道府県民税の当期分確定9の当期発生税額②3,124,200円を転記し，④差引翌期首現在利益積立金額も3,124,200円となる。

　市町村民税は，本設例では該当ない。

　別表五（二）を作成すると下記のとおりになる。

租税公課の納付状況等に関する明細書			事業年度	令和1・10・1 令和2・9・30	法人名	福留聡株式会社		別表五（二）

平三十一・四・一以後終了事業年度分

税　目　及　び　事　業　年　度				期首現在未納税額 ①	当期発生税額 ②	充当金取崩しによる納付 ③	仮払経理による納付 ④	損金経理による納付 ⑤	期末現在未納税額 ①+②-③-④-⑤ ⑥
法人税及び地方法人税		・　・	1	円		円	円	円	円
		・　・	2						
	当期分	中　　間	3		円				
		確　　定	4		31,598,400				31,598,400
		計	5		31,598,400				31,598,400
道府県民税		30・10・1 1・9・30	6	290,000		290,000			0
			7						
	当期分	中　　間	8		145,000			145,000	0
		確　　定	9		3,124,200				3,124,200
		計	10	290,000	3,269,200	290,000		145,000	3,124,200
市町村民税		・　・	11						
		・　・	12						
	当期分	中　　間	13						
		確　　定	14						
		計	15						
事業税		・　・	16						
		・　・	17						
	当　期　中　間　分		18						
		計	19						
その他	損金算入のもの	利　子　税	20						
		延　滞　金（延納に係るもの）	21						
		印　紙　税	22		1,000,000			1,000,000	0
		固 定 資 産 税	23		4,000,000			4,000,000	0
	損金不算入のもの	加算税及び加算金	24						
		延　滞　税	25						
		延　滞　金（延納分を除く。）	26						
		過　怠　税	27						
			28						
			29						

納　税　充　当　金　の　計　算							
繰入額	期 首 納 税 充 当 金	30	290,000 円	取崩額	その他	損 金 算 入 の も の	36	円
	損金経理をした納税充当金	31	46,299,800			損 金 不 算 入 の も の	37	
		32					38	
	計 (31) + (32)	33	46,299,800			仮 払 税 金 消 却	39	
取崩額	法 人 税 額 等 (5の③)＋(10の③)＋(15の③)	34	290,000			計 (34)+(35)+(36)+(37)+(38)+(39)	40	290,000
	事　　業　　税 (19の③)	35			期 末 納 税 充 当 金 (30)＋(33)－(40)		41	46,299,800

89

16　税効果会計に係る別表四及び別表五（一）の作成方法

　最後に税効果会計適用後の別表四及び別表五（一）を作成すると法人税申告書が完結する。

　なお，税効果会計の解説は，この後の3章〜12章で詳細に解説するが，ここでは，本設例で計上される税効果仕訳と税効果仕訳計上後の決算書をもとに税効果仕訳により影響を受ける法人税申告書別表四及び別表五（一）の記載方法のみ解説する。

　本設例で行われる税効果仕訳は下記のとおりである。ただし，既に，その他有価証券評価差額金に係る税効果仕訳は計上されている。

（借方）法人税等調整額　32,940,721　　　（貸方）繰延税金資産　32,940,721

　税効果仕訳計上後の最終の決算書は下記のとおりとなる。

最終貸借対照表
令和2年9月30日現在
福留聡株式会社
（単位：　　円）

科　目	金　額	科　目	金　額
流動資産	382,113,105	流動負債	246,444,800
現金及び預金	83,613,105	買掛金	100,145,000
売掛金	300,000,000	未払金	60,000,000
貸倒引当金	△1,500,000	賞与引当金	20,000,000
		未払法人税等	46,299,800
		未払消費税等	20,000,000
固定資産	581,884,174	固定負債	60,000,000
有形固定資産	449,000,000	退職給付引当金	50,000,000
建物	195,000,000	役員退職慰労引当金	10,000,000
工具器具備品	4,000,000		
土地	250,000,000	負債合計	306,444,800
		株主資本	650,614,479
		資本金	500,000,000
		利益剰余金	150,614,479
		利益準備金	20,000,000

		その他利益剰余金	130,614,479
投資その他の資産	132,884,174	別途積立金	10,000,000
投資有価証券	100,000,000	繰越利益剰余金	120,614,479
繰延税金資産	32,884,174	評価・換算差額等	6,938,000
破産更生債権等	2,000,000	その他有価証券評価差額金	6,938,000
貸倒引当金	△2,000,000	純資産合計	657,552,479
資産合計	963,997,279	負債及び純資産合計	963,997,279

最終損益計算書

自　令和1年10月1日〜至　令和2年9月30日
福留聡株式会社　　　　　　（単位：　円）

科　目	金　額
売上高	1,000,000,000
売上原価	560,000,000
売上総利益	440,000,000
販売費及び一般管理費	207,044,600
営業利益	232,955,400
経常利益	232,955,400
特別損失	100,000,000
減損損失	100,000,000
税引前当期純利益	132,955,400
法人税，住民税及び事業税	39,400,200
法人税等調整額	32,940,721
当期純利益	60,614,479

最終販売費及び一般管理費内訳書

自　令和1年10月1日〜至　令和2年9月31日

福留聡株式会社　　　　　　　　（単位：　円）

科　目	金　額
役員報酬	20,000,000
給与手当	40,000,000
賞与引当金繰入額	20,000,000
退職給付費用	10,000,000
役員退職慰労引当金繰入額	2,000,000
法定福利費	8,000,000
福利厚生費	5,000,000
荷造運賃	4,000,000
広告宣伝費	1,000,000
寄附金	2,500,000
会議費	200,000
旅費交通費	2,500,000
通信費	1,000,000
消耗品費	200,000
事務用品費	400,000
修繕費	5,000,000
水道光熱費	2,000,000
新聞図書費	2,000,000
諸会費	2,000,000
支払手数料	28,000,000
地代家賃	24,000,000
保険料	5,000,000
租税公課	12,044,600
減価償却費	6,000,000
貸倒引当金繰入額	2,000,000
雑費	2,200,000
販売費及び一般管理費合計	207,044,600

　まず，純資産に評価差額が直入され，損益に影響しない，その他有価証券評価差額金であるが，前期末は税効果適用前の評価差益が8,000,000円，当期末が10,000,000円である。上記に係る税効果は実効税率30.62％を乗じて算定され，前期末の繰延税金負債が2,449,600円，当期末が3,062,000円となる。その他有価証券評価差額金は税効果適用前の評価差益から繰延税金負債を差し引き前期末が5,550,400円，当期末が6,938,000円となり，貸借対照表計上額及び株主資本等変動計算書計上額と一致する。

　税効果適用前の評価差益は有価証券評価差額金否認として，別表五（一）に前期末残高8,000,000円を①期首現在利益積立金額及び当期増減の②減に，当期増減の③増及び④差引翌期首現在利益積立金額に当期末残高10,000,000円をともにマイナスで転記する。

　その他有価証券評価差額金に係る繰延税金負債は別表五（一）に繰延税金負債として，前期末残高2,449,600円を①期首現在利益積立金額及び当期増減の②減に，当期増減の③増及び④差引翌期首現在利益積立金額に当期末残高3,062,000円をともに転記する。

　その他有価証券評価差額金の税効果会計適用後の残高を，有価証券評価差額金として，前期末残高5,550,400円を①期首現在利益積立金額及び当期増減の②減に，当期増減の③増及び④差引翌期首現在利益積立金額に当期末残高6,938,000円をともに転記する。

　したがって，有価証券評価差額金否認＝繰延税金負債＋有価証券評価差額金となり，その他有価証券評価差額金に係る税務調整は，別表五（一）のみで，別表四には反映されない。これは，その他有価証券評価差額金とそれに係る税効果は純資産のみに影響する項目であり，損益計算及び税金計算に影響しないからである。

　本設例では，その他有価証券評価差額金除く税効果は全て損益及び税金計算に影響を与えるため，別表四及び別表五（一）の調整が必要となる。

　税効果会計適用後，最終利益が，60,614,479円となり，別表四の項目１当期利益又は当期欠損の額に転記される。

最 終 株 主 資 本 等 変 動 計 算 書

自　令和　1　年　10　月　1　日
至　令和　2　年　9　月　30　日

			株 主	
			利 益 剰	
			その他利益剰余金	
	資本金	利益準備金	別途積立金	繰越利益剰余金
当期首残高	500,000,000	20,000,000	10,000,000	70,000,000
当期変動額				
新株の発行				
剰余金の配当				△10,000,000
当期純利益				60,614,479
株主資本以外の項目の当期変動額（純額）				
当期変動額合計				50,614,479
当期末残高	500,000,000	20,000,000	10,000,000	120,614,479

　法人税等調整額32,767,963円は，別表四で加算されることで，別表四で税引前利益に戻して課税所得を算出することになる。

　別表五（一）では，繰延税金資産として，前期末68,886,895円を①期首現在利益積立金額にマイナスで，当期増減の③増に当期末残高35,946,174円の差額の32,940,721円を記載し，④差引翌期首現在利益積立金額に当期末残高35,946,174円をマイナスで記載する。

　当期増減の③増と別表四で加算される法人税等調整額は32,940,721円で一致する。

　法人税等調整額の別表五（一），別表四の調整方法はもう一つ別の方法があり，別表五（一）では，繰延税金資産として，前期末残高68,886,895円を①期首現在利益積立金額及び当期増減の②減に，当期増減の③増及び④差引翌期首現在利益積立金額に当期末残高35,946,174円をともにマイナスで転記することで，

福留聡株式会社

（単位：　円）

資　　　　本		評価・換算差額等		純資産合　　計
余　　　金	株主資本合計	その他有価証券評価差額金	評価・換算差額等合計	
利益剰余金合計				
100,000,000	600,000,000	5,550,400	5,550,400	605,550,400
△10,000,000	△10,000,000			△10,000,000
60,614,479	60,614,479			60,614,479
		1,387,600	1,387,600	1,387,600
50,614,479	50,614,479	1,387,600	1,387,600	52,002,079
150,614,479	650,614,479	6,938,000	6,938,000	657,552,479

　別表四には，法人税等調整額として，68,886,895円加算し，35,946,174円減算することで，あわせて純額で32,940,721円加算することになり，前記の方法と同様の効果がある。

　税効果会計を含め全ての仕訳を反映した最終決算書をもとに作成した別表四及び別表五（一）は下記のとおりである。

所得の金額の計算に関する明細書（簡易様式）

事業年度　令和1・10・1　令和2・9・30　法人名　福留聡株式会社

区　分		総　額 ①	処分 留　保 ②	処分 社外流出 ③	
当期利益又は当期欠損の額	1	60,614,479 円	50,614,479 円	配当	10,000,000 円
				その他	
加算 損金経理をした法人税及び地方法人税（附帯税を除く。）	2				
損金経理をした道府県民税及び市町村民税	3	145,000	145,000		
損金経理をした納税充当金	4	46,299,800	46,299,800		
損金経理をした附帯税（利子税を除く。）、加算金、延滞金（延納分を除く。）及び過怠税	5			その他	
減価償却の償却超過額	6	1,335,000	1,335,000		
役員給与の損金不算入額	7			その他	
交際費等の損金不算入額	8			その他	
貸倒引当金限度超過	9	3,500,000	3,500,000		
次葉紙合計	10	164,940,721	164,940,721		
小　計	11	216,220,521	216,220,521		
減算 減価償却超過額の当期認容額	12				
納税充当金から支出した事業税等の金額	13				
受取配当等の益金不算入額（別表八（一）「13」又は「26」）	14			※	
外国子会社から受ける剰余金の配当等の益金不算入額（別表八（二）「26」）	15			※	
受贈益の益金不算入額	16			※	
適格現物分配に係る益金不算入額	17			※	
法人税等の中間納付額及び過誤納に係る還付金額	18				
所得税額及び欠損金の繰戻しによる還付金額等	19			※	
次葉紙合計	20	30,000,000	30,000,000		
小　計	21	30,000,000	30,000,000	外※	
仮　計 (1)+(11)-(21)	22	246,835,000	236,835,000	外※	10,000,000
関連者等に係る支払利子等の損金不算入額（別表十七（二の二）「24」又は「29」）	23			その他	
超過利子額の損金算入額（別表十七（二の三）「10」の計）	24	△		※	△
仮　計 (22)から(24)までの計	25	246,835,000	236,835,000	外※	10,000,000
寄附金の損金不算入額（別表十四（二）「24」又は「40」）	27	129,157		その他	129,157
法人税額から控除される所得税額（別表六（一）「6の③」）	29			その他	
税額控除の対象となる外国法人税の額（別表六（二の二）「7」）	30			その他	
分配時調整外国税相当額及び外国関係会社等に係る控除対象所得税額等相当額（別表六（五の二）「5の②」＋別表十七（三の六）「1」）	31			その他	
合　計 (25)+(27)+(29)+(30)+(31)	34	246,964,157	236,835,000	外※	10,129,157
契約者配当の益金算入額（別表九（一）「13」）	35				
中間申告における繰戻しによる還付に係る災害損失欠損金額の益金算入額	37			※	
非適格合併又は残余財産の全部分配等による移転資産等の譲渡利益額又は譲渡損失額	38			※	
差引計 (34)+(35)+(37)+(38)	39	246,964,157	236,835,000	外※	10,129,157
欠損金又は災害損失金等の当期控除額（別表七（一）「4の計」＋別表七（四）「9若しくは20」又は別表七（四）「10」）	40	△ 123,482,078		※	△ 123,482,078
総　計 (39)+(40)	41	123,482,079	236,835,000	外※	△ 123,482,078 / 10,129,157
新鉱床探鉱費又は海外新鉱床探鉱費の特別控除額（別表十（三）「43」）	42	△		※	△
残余財産の確定の日の属する事業年度に係る事業税の損金算入額	46	△	△		
所得金額又は欠損金額	47	123,482,079	236,835,000	外※	△ 123,482,078 / 10,129,157

96

所得の金額の計算に関する明細書（次葉紙）		事業年度	令和1 ・10・1 令和2 ・9 ・30	法人名	福留聡株式会社		別表四（次葉紙）

区　　分		総　　額	処		分		
		①	留　　保		社　外　流　出		
			②		③		
加 算	法 人 税 等 調 整 額	1	32,940,721 円	32,940,721 円			円
	賞 与 引 当 金 繰 入 額	2	20,000,000	20,000,000			
	退 職 給 付 費 用	3	10,000,000	10,000,000			
	土 地 減 損 損 失	4	100,000,000	100,000,000			
	役員退職慰労引当金繰入額	5	2,000,000	2,000,000			
		6					
		7					
		8					
		9					
		10					
		11					
		12					
		13					
		14					
		15					
		16					
		17					
		18					
		19					
		20					
	小　　　　計	21	164,940,721	164,940,721			
減 算	賞 与 引 当 金 当 期 認 容	22	10,000,000	10,000,000			
	退職給与引当金取崩超過	23	20,000,000	20,000,000			
		24					
		25					
		26					
		27					
		28					
		29					
		30					
		31					
		32					
		33					
		34					
		35					
		36					
		37					
		38					
		39					
		40					
		41					
	小　　　　計	42	30,000,000	30,000,000	外※		

利益積立金額及び資本金等の額の計算に関する明細書

| 事業年度 | 令和1・10・1　令和2・9・30 | 法人名 | 福留聡株式会社 |

Ⅰ　利益積立金額の計算に関する明細書

区　分		期首現在利益積立金額 ①	当期の増減　減 ②	当期の増減　増 ③	差引翌期首現在利益積立金額 ①-②+③ ④
利益準備金	1	20,000,000 円	円	円	20,000,000 円
積立金	2				
貸倒引当金	3			3,500,000	3,500,000
減価償却超過額	4			1,335,000	1,335,000
賞与引当金	5	10,000,000	10,000,000	20,000,000	20,000,000
別途積立金	6	10,000,000			10,000,000
繰越税金資産	7	△68,886,895		32,940,721	△35,946,174
繰越税金負債	8	2,449,600	2,449,600	3,062,000	3,062,000
退職給付引当金	9	60,000,000	20,000,000	10,000,000	50,000,000
土地減損損失	10			100,000,000	100,000,000
役員退職慰労引当金	11	8,000,000		2,000,000	10,000,000
有価証券評価差額金	12	5,550,400	5,550,400	6,983,000	6,983,000
有価証券評価差額金否認	13	△8,000,000	△8,000,000	△10,000,000	△10,000,000
	14				
	15				
	16				
	17				
	18				
	19				
	20				
	21				
	22				
	23				
	24				
	25				
繰越損益金(損は赤)	26	70,000,000	70,000,000	120,614,479	120,614,479
納税充当金	27	290,000	290,000	46,299,800	46,299,800
未納法人税等	未納法人税及び未納地方法人税(附帯税を除く。)	28	△	△	中間 △ 確定 △31,598,400	△ 31,598,400
	未納道府県民税(均等割額を含む。)	29	290,000	435,000	中間 145,000 確定 3,124,200	3,124,200
	未納市町村民税(均等割額を含む。)	30	△	△	中間 △ 確定 △	△
差引合計額	31	109,113,105	99,855,000	301,822,400	311,080,505

Ⅱ　資本金等の額の計算に関する明細書

区　分		期首現在資本金等の額 ①	当期の増減　減 ②	当期の増減　増 ③	差引翌期首現在資本金等の額 ①-②+③ ④
資本金又は出資金	32	500,000,000 円	円	円	500,000,000 円
資本準備金	33				
	34				
	35				
差引合計額	36	500,000,000			500,000,000

第3章 税効果会計基準の実務上のポイント

第2章で作成した法人税申告書及び地方税申告書をもとに，第3章から，税効果会計の具体的な解説に入るが，本格的に解説に入る前に，税効果会計基準の実務上のポイントを整理しておこう。

税効果会計のポイントは概ね下記の7STEPを検討することにある。

STEP1　一時差異等を把握する

STEP2　法定実効税率を算定する

STEP3　回収可能性考慮前の繰延税金資産及び繰延税金負債を算定する

STEP4　繰延税金資産の回収可能性の分類判定をする

STEP5　一時差異解消のスケジューリングを実施する

STEP6　回収可能性考慮後の繰延税金資産及び繰延税金負債を算定する

STEP7　税金費用のプルーフテストを行い，税金費用の妥当性を検証する

ポイントとなる7つのステップを，STEP1，STEP3，STEP6を「税効果シート①　税効果計算に関するワークシート」，STEP2を「税効果シート②　法定実効税率算定に関するワークシート」，STEP4を「税効果シート③　繰延税金資産の回収可能性　会社分類判定に関するワークシート」，STEP5を「税効果シート④　税効果スケジューリング表に関するワークシート」，STEP7を「税効果シート⑤　税効果プルーフに関するワークシート」の5つのシートに主要論点を落とし込むことにより整理する。

なお，繰延税金資産及び繰延税金負債の発生の主な原因別の内訳注記は，「税効果シート⑥　繰延税金資産及び繰延税金負債の発生の主な原因別の内訳注記に関するワークシート」に，税率差異の注記は，「税効果シート⑤　税効果プルーフに関するワークシート」を用いて整理し，第12章の税効果会計に係る注記の作成方法であわせて解説する。

STEP1〜STEP7まで1章ずつを設けて，4章〜10章で解説し，11章は，税効果会計に係る仕訳と財務諸表における表示の作成，12章は税効果会計に係る注記の作成を解説する。

　最後の13章にこの設例で利用した全てのワークシートと法人税申告書及び地方税申告書の別表を掲載したので参照されたい。

第4章 一時差異等を把握する

税効果会計の**STEP1**は，一時差異等を把握することである。

税効果会計に係る会計基準によると，一時差異とは，貸借対照表及び連結貸借対照表に計上されている資産及び負債の金額と課税所得計算上の資産及び負債の金額との差額をいう。一般的に以下のものが一時差異に該当する。

1. 収益又は費用の帰属年度が相違することから生ずる差額

   本設例では，未払事業税，貸倒引当金，賞与引当金，退職給付引当金，減価償却超過額，役員退職慰労引当金，土地減損損失が該当する。
2. 資産の評価替えにより生じた評価差額が直接資本の部に計上され，かつ，課税所得の計算に含まれていない場合の当該差額

   本設例では，有価証券評価差額金否認が該当する。

なお，税務上の繰越欠損金と，税務上の繰越外国税額控除は，一時差異ではないが，繰越期間に課税所得が生じた場合，課税所得を減額でき，その結果納付税額が減額されるため，税金の前払いの効果のある一時差異と同様の税効果を有するものとして取り扱う。

一時差異には，当該一時差異が解消するときにその期の課税所得を減額する効果を持つ将来減算一時差異と，当該一時差異が解消するときにその期の課税所得を増額する効果を持つ将来加算一時差異がある。

本設例では，将来減算一時差異は，未払事業税，貸倒引当金，賞与引当金，退職給付引当金，減価償却超過額，役員退職慰労引当金，土地減損損失が該当し，将来加算一時差異は，有価証券評価差額金否認が該当する。

一時差異及び繰越欠損金を併せて一時差異等として扱い，将来減算一時差異及び繰越欠損金に法定実効税率を乗じて算定したものが繰延税金資産となり，将来加算一時差異に法定実効税率を乗じて算定したものが繰延税金負債となる。

なお，一時差異に対峙する概念として永久差異があり，永久差異とは，税引前当期純利益の計算において，費用又は収益として計上されるが，課税所得の計算上は，永久に損金又は益金に算入されない項目をいい，将来，課税所得の計算上で加算又は減算させる効果を持たないため，一時差異等には該当せず，税効果会計の対象とならない。本設例では，寄附金が該当する。

　一時差異等は法人税申告書の別表五（一）及び別表七（一）から把握できる。一時差異は主に，別表五（一）の項目を漏れなく抽出して「税効果シート①　税効果計算に関するワークシート」に転記する。ただし，未払事業税は，別表五（一）の納税充当金から未納法人税等を差し引いた金額を転記するか又は納付税額一覧表又は事業税・都道府県民税内訳表から転記する。また，繰越欠損金は一時差異ではないが，一時差異と同様の税効果を有するため，一時差異に準ずるものとして取り扱われるため，「税効果シート①　税効果計算に関するワークシート」に入力する。繰越欠損金の数字は，別表七（一）から転記する。

　「税効果シート①　税効果計算に関するワークシート」に転記された一時差異等と法人税申告書別表の関係を整理すると以下のようになる。

・賞与引当金，貸倒引当金（流動），退職給付引当金，役員退職慰労引当金，土地減損損失，減価償却超過額（建物），減価償却超過額（工具器具備品），貸倒引当金（固定），有価証券評価差額金否認→別表五（一）
・未払事業税→別表五（一）の納税充当金から未納法人税等（未納法人税及び未納地方法人税，未納道府県民税及び未納市町村民税の合計）を差し引いた金額又は納税一覧表又は事業税・都道府県民税内訳表の事業税及び地方法人特別税
・繰越欠損金→別表七（一）

　なお，別表五（一）に記載されている項目のうち，利益準備金，別途積立金，繰越損益金，未納法人税及び未納地方法人税，未納道府県民税，繰延税金資産，繰延税金負債，資本金又は出資金は，一時差異として扱われない。

　上記のとおり，一時差異等を把握した後，未払事業税，繰越欠損金を除く一

図表4-1　別表五（一）

利益積立金額及び資本金等の額の計算に関する明細書		事業年度 令和01・10・1 令和02・9・30		法人名 福留聡株式会社	

I　利益積立金額の計算に関する明細書

区　　分		期首現在利益積立金額 ①	当　期　の　増　減		差引翌期首現在利益積立金額 ①－②+③ ④
			減 ②	増 ③	
利 益 準 備 金	1	20,000,000円	円	円	20,000,000円
積　立　金	2				
貸 倒 引 当 金	3			3,500,000	3,500,000
減価償却超過額	4			1,335,000	1,335,000
賞 与 引 当 金	5	10,000,000	10,000,000	20,000,000	20,000,000
別 途 積 立 金	6	10,000,000			10,000,000
繰 越 税 金 資 産	7	△68,886,895		32,940,721	△35,946,174
繰 越 税 金 負 債	8	2,449,600	2,449,600	3,062,000	3,062,000
退職給付引当金	9	60,000,000	20,000,000	10,000,000	50,000,000
土 地 減 損 損 失	10			100,000,000	100,000,000
役員退職慰労引当金	11	8,000,000		2,000,000	10,000,000
有価証券評価差額金	12	5,550,400	5,550,400	6,983,000	6,983,000
有価証券評価差額金否認	13	△8,000,000	△8,000,000	△10,000,000	△10,000,000
	14				
	15				
	16				
	17				
	18				
	19				
	20				
	21				
	22				
	23				
	24				
	25				
繰越損益金（損は赤）	26	70,000,000	70,000,000	120,614,479	120,614,479
納 税 充 当 金	27	290,000	290,000	46,299,800	46,299,800
未納法人税等（退職年金等積立金に対するものを除く。） 未納法人税及び未納地方法人税（附帯税を除く。）	28	△	△	中間 △ 確定 △31,598,400	△ 31,598,400
未納道府県民税（均等割額を含む。）	29	△ 290,000	△ 435,000	中間 △ 145,000 確定 △ 3,124,200	△ 3,124,200
未納市町村民税（均等割額を含む。）	30	△	△	中間 △ 確定 △	△
差 引 合 計 額	31	109,113,105	99,855,000	301,822,400	311,080,505

II　資本金等の額の計算に関する明細書

区　　分		期首現在資本金等の額 ①	当　期　の　増　減		差引翌期首現在資本金等の額 ①－②+③ ④
			減 ②	増 ③	
資本金又は出資金	32	500,000,000円	円	円	500,000,000円
資 本 準 備 金	33				
	34				
	35				
差 引 合 計 額	36	500,000,000			500,000,000

図表4-2　税効果シート①　税効果計算に関するワークシート

会社名：	福留聡株式会社
事業年度：	令和2年9月期

項目	A：前期末残高 ＝別表五（一）期首 現在利益積立金額	B：加算 ＝別表五（一） 当期の増減の増	C：減算 ＝別表五（一） 当期の増減の減	D：期末残高 ＝別表五（一）差引翌 期首現在利益積立金額
賞与引当金	10,000,000	20,000,000	10,000,000	20,000,000
貸倒引当金（流動）	1,500,000	1,500,000	1,500,000	1,500,000
未払事業税（注1）	0	11,577,200	0	11,577,200
繰越欠損金（注2）	145,473,532		123,482,078	21,991,454
退職給付引当金	60,000,000	10,000,000	20,000,000	50,000,000
役員退職慰労引当金	8,000,000	2,000,000		10,000,000
土地減損損失	0	100,000,000	0	100,000,000
減価償却超過額（建物）	0	1,000,000		1,000,000
減価償却超過額（工具器具備品）	0	335,000		335,000
貸倒引当金（固定）	0	2,000,000	0	2,000,000
小計	224,973,532	148,412,200	154,982,078	218,403,654
その他有価証券評価差額金	(8,000,000)	(10,000,000)	(8,000,000)	(10,000,000)
合計	(8,000,000)	(10,000,000)	(8,000,000)	(10,000,000)

(注1)　未払事業税の金額は，別表五（一）をもとに計算した金額又は納付税額一覧表又は事業税・都道府県民税内訳
　　　　表から転記する。
(注2)　繰越欠損金の金額は，別表七（一）から転記する。
(注3)　前期末の数字は，前期末の開示用ではなく，当期の仕訳作成，図表2-5　税効果プルーフに関するワークシート
　　　　の評価性引当額の増加額算定のために参考として作成している。

Ⅰ会計処理（令和2年9月期）

(1) その他包括利益項目以外の税効果仕訳

①前期計上額の取崩	法人税等調整額	68,886,895	繰延税金資産	68,886,895
②当期分の計上	繰延税金資産	35,946,174	法人税等調整額	35,946,174

(2) その他包括利益項目の税効果仕訳

①前期計上額の取崩	その他有価証券評価差額金	5,550,400	投資有価証券	8,000,000
	繰延税金負債	2,449,600		
②当期分の計上	投資有価証券	10,000,000	その他有価証券評価差額金	6,938,000
			繰延税金負債	3,062,000

Ⅱ会計処理（令和2年9月期）－Ⅰの複合仕訳

(1) その他包括利益項目以外の税効果仕訳

Ⅰ会計処理（令和2年9月期）の①＋②	法人税等調整額	32,940,721	繰延税金資産	32,940,721

(2) その他包括利益項目の税効果仕訳

Ⅰ会計処理（令和2年9月期）の①＋②	投資有価証券	2,000,000	その他有価証券評価差額金	1,387,600
			繰延税金負債	612,400

（単位：円）

E：評価性引当額控除前繰延税金資産 =D. 期末残高×30.62%	F：回収不能一時差異	G：評価性引当額 =F：回収不能一時差異×30.62%	H：評価性引当額控除後一時差異= D+F	I：開示ベースの繰延税金資産 =G×30.62%	
6,124,000	0	0	20,000,000	6,124,000	
459,300	0	0	1,500,000	459,300	
3,544,939	0	0	11,577,200	3,544,939	
6,733,783	0	0	21,991,454	6,733,783	
15,310,000	0	0	50,000,000	15,310,000	
3,062,000	(1,000,000)	(306,200)	9,000,000	2,755,800	
30,620,000	(100,000,000)	(30,620,000)	0	0	
306,200	0	0	1,000,000	306,200	
102,577	(9,225)	(2,825)	325,775	99,752	
612,400	0	0	2,000,000	612,400	
66,875,199	(101,009,225)	(30,929,025)	117,394,429	35,946,174	②
(3,062,000)	0	0	(10,000,000)	(3,062,000)	
(3,062,000)	0	0	(10,000,000)	(3,062,000)	④

期末将来減算一時差異合計	196,412,200	
繰延税金資産	35,946,174	①
繰延税金負債	(3,062,000)	②
開示　繰延税金資産	32,884,174	③＝①＋②
法人税等調整額	32,940,721	④＝①′－①

（注3）（参考：前期末）　　　　　　　　　　（単位：円）

J：前期末評価性引当額控除前繰延税金資産 =A×30.62%	K：前期末評価性引当額 =回収不能一時差異×30.62%	L：前期末の開示ベースの繰延税金資産=J+K	
3,062,000		3,062,000	
459,300		459,300	
0		0	
44,543,995		44,543,995	
18,372,000		18,372,000	
2,449,600		2,449,600	
0		0	
0		0	
0		0	
0		0	
68,886,895	0	68,886,895	②′
(2,449,600)		(2,449,600)	
(2,449,600)		(2,449,600)	④′

期末将来減算一時差異合計	79,500,000		
繰延税金資産	68,886,895	①′	前期末B/Sと一致確認
繰延税金負債	(2,449,600)	②′	
開示　繰延税金資産	66,437,295	③′＝①′＋②′	前期末B/Sと一致確認

時差異等は,「税効果シート① 税効果計算に関するワークシート」の前期末残高に別表五（一）の期首現在利益積立金額の金額を転記し, 加算に別表五（一）の当期の増減の増の金額を転記し, 減算に別表五（一）の当期の増減の減の金額を転記することにより期末残高を算定する。期末残高は, 別表五（一）の差引翌期首現在利益積立金額に一致する（**図表4-1, 4-2**）。

なお, 別表五（一）の貸倒引当金は, 税効果シート① 税効果計算に関するワークシート」上は, 貸倒引当金（流動）及び貸倒引当金（固定）の合計であり, 別表五（一）の減価償却超過額は, 減価償却超過額（建物）及び減価償却超過額（工具器具備品）の合計である。

未払事業税は, 別表五（一）の納税充当金から未納法人税等（未納法人税及び未納地方法人税, 未納道府県民税及び未納市町村民税の合計）を差し引いた金額を上記で説明したように, 別表五（一）の他の項目と同様に転記するか又は納付税額一覧表又は事業税・都道府県民税内訳表から,「税効果シート① 税効果計算に関するワークシート」の前期末残高と減算に前期末の差引納付額を転記し, 加算と期末残高に当期末の差引納付額を転記する。

本設例では, 税効果シート① 税効果計算に関するワークシートに別表五（一）から転記する場合, 前期末残高に別表五（一）の期首現在利益積立金額の項目27納税充当金290,000円, 項目28未納法人税及び未納地方法人税0円, 項目29未納道府県民税△290,000円及び項目30未納市町村民税0円の合計0円を転記する。同様に加算に別表五（一）の当期の増減の増から転記するが, 項目27納税充当金46,299,800円, 項目28未納法人税及び未納地方法人税の確定△31,598,400円, 項目29未納道府県民税の確定△3,124,200円, 項目30未納市町村民税の確定0円の合計11,577,200円を転記する。なお, 項目29未納道府県民税の中間△145,000円は, 当期の増減の減で, 期首の△290,000円とともに解消されるため, 考慮しない。減算には, 当期増減の減から転記するが, 項目27納税充当金290,000円, 項目28未納法人税及び未納地方法人税0円, 項目29未納道府県民税△290,000円及び項目30未納市町村民税0円の合計0円を転記する。項目29未納道府県民税△145,000円は加算のところで説明したように,

当期の増減の増と当期の増減の減で期中に増加するが即時に解消されるため，加算及び減算とも考慮しない。

　期末残高は，別表五（一）の差引翌期首現在利益積立金額から転記するが，項目27納税充当金46,299,800円，項目28未納法人税及び未納地方法人税の確定△31,598,400円，項目29未納道府県民税の確定△3,124,200円，項目30未納市町村民税の確定0円の合計11,577,200円を転記する。

　繰越欠損金は，「税効果シート①　税効果計算に関するワークシート」の前期末残高に別表七（一）の控除未決済欠損金額の計を転記し，加算に別表七（一）の当期分の欠損金額を転記し，減算に別表七（一）の当期控除額を転記し，期末残高を算定する。期末残高は，別表七（一）の翌期繰越額に一致する（**図表4-3**）。

図表4-3　別表七（一）

⑤ 欠損金又は災害損失金の損金算入等に関する明細書

事業年度	令和1・10・1 令和2・9・30	法人名	福留聡株式会社

控除前所得金額 （別表四「39の①」）－（別表七（二）「9」又は「21」）	1	246,964,157 円	所得金額控除限度額 (1) × $\frac{50又は100}{100}$	2	123,482,078 円

事業年度	区　分	控除未済欠損金額 3	当期控除額 （当該事業年度の(3)と(2)－当該事業年度前の(4)の合計額）のうち少ない金額 4	翌期繰越額 ((3)－(4))又は（別表七（三）「15」） 5
・　・ ・　・	青色欠損・連結みなし欠損・災害損失	円	円	
平30・10・1 令1・9・30	青色欠損・連結みなし欠損・災害損失	145,473,532	123,482,078	21,991,454 円
・　・ ・　・	青色欠損・連結みなし欠損・災害損失			
・　・ ・　・	青色欠損・連結みなし欠損・災害損失			
・　・ ・　・	青色欠損・連結みなし欠損・災害損失			
・　・ ・　・	青色欠損・連結みなし欠損・災害損失			
・　・ ・　・	青色欠損・連結みなし欠損・災害損失			
・　・ ・　・	青色欠損・連結みなし欠損・災害損失			
	計	145,473,532	123,482,078	21,991,454
当期分	欠損金額 （別表四「47の①」）		欠損金の繰戻し額	
	同上のうち 災害損失金			
	青色欠損金			
	合　計			21,991,454

災害により生じた損失の額の計算

災害の種類		災害のやんだ日又はやむを得ない事情のやんだ日	・　・

災害を受けた資産の別	棚卸資産 ①	固定資産 （固定資産に準ずる繰延資産を含む。） ②	計 ①＋② ③
当期の欠損金額 （別表四「47の①」） 6			円
資産の滅失等により生じた損失の額 7	円	円	
被害資産の原状回復のための費用等に係る損失の額 8			
被害の拡大又は発生の防止のための費用に係る損失の額 9			
計 (7)＋(8)＋(9) 10			
保険金又は損害賠償金等の額 11			
差引災害により生じた損失の額 (10)－(11) 12			
同上のうち所得税額の還付又は欠損金の繰戻しの対象となる災害損失金額 13			
中間申告における災害損失欠損金の繰戻し額 14			
繰戻しの対象となる災害損失欠損金額 ((6の③)と((13の③)＋(14の③))のうち少ない金額) 15			
繰越控除の対象となる損失の額 ((6の③)と((12の③)－(14の③))のうち少ない金額) 16			

第5章　法定実効税率を算定する

　税効果会計の**STEP2**は，法定実効税率を算定することである。法定実効税率は，税効果会計に係る会計基準の適用指針（企業会計基準適用指針第28号）4項（11）に従い算定される。

　税効果会計に係る会計基準の適用指針（企業会計基準適用指針第28号）4項（11）によると，法定実効税率は，繰越外国税額控除に係る繰延税金資産を除き，繰延税金資産及び繰延税金負債の計算に使われる税率であり，事業税の損金算入の影響を考慮した税率になる。

　なお，事業税の課税標準には所得割，外形標準課税の付加価値割，資本割があるが，外形標準課税による税率は，利益に関連する金額を課税標準とする税金ではないため，法定実効税率の算式に含まれる事業税率には外形標準課税の税率は含まない。法定実効税率の算定式は以下のとおりである。

法定実効税率 $= \dfrac{\text{法人税率} + \text{法人税率} \times \text{住民税率} + \text{事業税率}}{1 + \text{事業税率}}$

住民税率＝地方法人税率＋県(都)民税率＋市民税率
事業税率＝事業税率(超過税率)＋事業税率(標準税率)×特別法人事業税率
なお，事業税(標準税率)を適用している事業所は，
事業税率＝事業税率(標準税率)＋事業税率(標準税率)×特別法人事業税率

　上記算定式をもとに法定実効税率を算定すると以下のようになる。

　なお，下記は，東京都23区所在の資本金が1億円を超える外形標準課税適用法人を前提としており，別表五（一）のⅡ資本金等の額の計算に関する明細書によると，福留聡株式会社は資本金5億円の会社であるため，外形標準課税適用法人になる。

　法定実効税率は，外形標準課税法人であるかどうか及び課税団体（都道府県）が異なることにより，住民税率，事業税率，特別法人事業税率が相違するため

異なってくる。

法定実効税率

$$30.62\% = \frac{23.2\% \times (1 + 10.3\% + 10.4\%) + (1.18\% + 1.00\% \times 260\%)}{1 + (1.18\% + 1.00\% \times 260\%)}$$

　税効果に係る会計基準の適用指針（企業会計基準適用指針第28号）4項（11）に従い，繰延税金資産又は繰延税金負債の金額は，回収又は支払が行われると見込まれる期の税率に基づいて計算されるため，東京都23区所在の会社である福留聡株式会社では，令和1年10月1日以降に回収又は支払が見込まれる繰延税金資産又は繰延税金負債は30.62％の税率に基づいて計算される。

　上記法定実効税率の算式を，ワークシートを用いて計算すると下記のようになる（図表5-1）。

図表5-1　税効果シート②　法定実効税率算定に関するワークシート

会社名：	福留聡株式会社
事業年度：	令和2年9月期

都道府県	東京都
区市町村	文京区
資本金（円）	500,000,000
資本金等（円）	500,000,000
法人税率	23.20%
地方法人税率	10.30%
県（都）民税率	10.40%
市民税率	
小計　住民税率	20.70%
事業税率（超過税率）	1.18%
事業税率（標準税率）	1.00%
特別法人事業税率	260.00%
小計　事業税率	3.78%
2019（H31年）／10月～法定実効税率	30.62%

第6章 回収可能性考慮前の繰延税金資産及び繰延税金負債を算定する

　税効果会計の**STEP3**は，回収可能性考慮前の繰延税金資産及び繰延税金負債を算定することである。ここでは，繰延税金資産の回収可能性の会社区分の判定やスケジューリング等回収可能性を考慮する前の繰延税金資産及び繰延税金負債を算定することが目的であるので，税効果会計のSTEP1で把握した一時差異等の期末残高に令和2年9月時点の法定実効税率30.62％を乗じて評価性引当額控除前繰延税金資産Eを算定する（**図表6-1**）。

図表6-1　税効果シート①　税効果計算に関するワークシート

	会社名：	福留聡株式会社
	事業年度：	令和2年9月期

項目	A：前期末残高 =別表五（一）期首 現在利益積立金額	B：加算 =別表五（一） 当期の増減の増	C：減算 =別表五（一） 当期の増減の減	D：期末残高 =別表五（一）差引翌 期首現在利益積立金額
賞与引当金	10,000,000	20,000,000	10,000,000	20,000,000
貸倒引当金（流動）	1,500,000	1,500,000	1,500,000	1,500,000
未払事業税（注1）	0	11,577,200	0	11,577,200
繰越欠損金（注2）	145,473,532		123,482,078	21,991,454
退職給付引当金	60,000,000	10,000,000	20,000,000	50,000,000
役員退職慰労引当金	8,000,000	2,000,000		10,000,000
土地減損損失	0	100,000,000	0	100,000,000
減価償却超過額（建物）	0	1,000,000		1,000,000
減価償却超過額（工具器具備品）	0	335,000		335,000
貸倒引当金（固定）	0	2,000,000	0	2,000,000
小計	224,973,532	148,412,200	154,982,078	218,403,654
その他有価証券評価差額金	(8,000,000)	(10,000,000)	(8,000,000)	(10,000,000)
合計	(8,000,000)	(10,000,000)	(8,000,000)	(10,000,000)

（注1）未払事業税の金額は，別表五（一）をもとに計算した金額又は納付税額一覧表又は事業税・都道府県民税内訳
　　　　表から転記する。
（注2）繰越欠損金の金額は，別表七（一）から転記する。
（注3）前期末の数字は，前期末の開示用ではなく，当期の仕訳作成，図表2-5　税効果プルーフに関するワークシート
　　　　の評価性引当額の増加額算定のために参考として作成している。

Ⅰ会計処理（令和2年9月期）
(1) その他包括利益項目以外の税効果仕訳
①前期計上額の取崩　　法人税等調整額　　　68,886,895　　　繰延税金資産　　　　68,886,895

②当期分の計上　　　　繰延税金資産　　　　35,946,174　　　法人税等調整額　　　35,946,174
(2) その他包括利益項目の税効果仕訳
①前期計上額の取崩　　その他有価証券評価差額金　5,550,400　　投資有価証券　　　8,000,000
　　　　　　　　　　　繰延税金負債　　　　2,449,600
②当期分の計上　　　　投資有価証券　　　　10,000,000　　　その他有価証券評価差額金　6,938,000
　　　　　　　　　　　　　　　　　　　　　　　　　　　　　繰延税金負債　　　　3,062,000

Ⅱ会計処理（令和2年9月期）－Ⅰの複合仕訳
(1) その他包括利益項目以外の税効果仕訳
Ⅰ会計処理（令和2年9月期）の①+②　　法人税等調整額　32,940,721　　繰延税金資産　　　32,940,721
(2) その他包括利益項目の税効果仕訳
Ⅰ会計処理（令和2年9月期）の①+②　　投資有価証券　　2,000,000　　その他有価証券評価差額金　1,387,600
　　　　　　　　　　　　　　　　　　　　　　　　　　　　　　　　　　繰延税金負債　　　　612,400

（単位：円）

E：評価性引当額控除前繰延税金資産＝D．期末残高×30.62%	F：回収不能一時差異	G：評価性引当額＝F：回収不能一時差異×30.62%	H：評価性引当額控除後一時差異＝D＋F	I：開示ベースの繰延税金資産＝G×30.62%	
6,124,000	0	0	20,000,000	6,124,000	
459,300	0	0	1,500,000	459,300	
3,544,939	0	0	11,577,200	3,544,939	
6,733,783	0	0	21,991,454	6,733,783	
15,310,000	0	0	50,000,000	15,310,000	
3,062,000	(1,000,000)	(306,200)	9,000,000	2,755,800	
30,620,000	(100,000,000)	(30,620,000)	0	0	
306,200	0	0	1,000,000	306,200	
102,577	(9,225)	(2,825)	325,775	99,752	
612,400	0	0	2,000,000	612,400	
66,875,199	(101,009,225)	(30,929,025)	117,394,429	35,946,174	②
(3,062,000)	0	0	(10,000,000)	(3,062,000)	
(3,062,000)	0	0	(10,000,000)	(3,062,000)	④

期末将来減算一時差異合計	196,412,200	
繰延税金資産	35,946,174	①
繰延税金負債	(3,062,000)	②
開示　繰延税金資産	32,884,174	③＝①＋②
法人税等調整額	32,940,721	④＝①′－①

（注3）（参考：前期末）　　　　　　　　　　　　　　　　　　（単位：円）

J：前期末評価性引当額控除前繰延税金資産＝A×30.62%	K：前期末評価性引当額＝回収不能一時差異×30.62%	L：前期末の開示ベースの繰延税金資産＝J＋K	
3,062,000		3,062,000	
459,300		459,300	
0		0	
44,543,995		44,543,995	
18,372,000		18,372,000	
2,449,600		2,449,600	
0		0	
0		0	
0		0	
0		0	
68,886,895	0	68,886,895	②′
(2,449,600)		(2,449,600)	
(2,449,600)		(2,449,600)	④′

期末将来減算一時差異合計	79,500,000		
繰延税金資産	68,886,895	①′	前期末B/Sと一致確認
繰延税金負債	(2,449,600)	②′	
開示　繰延税金資産	66,437,295	③′＝①′＋②′	前期末B/Sと一致確認

第7章 繰延税金資産の回収可能性の分類判定

① **税効果会計に係る会計基準の適用指針（企業会計基準適用指針第28号）に基づく整理**

　税効果会計の**STPE4**は，繰延税金資産の回収可能性の分類判定をすることである。一時差異に実効税率を乗じて繰延税金資産及び繰延税金負債は算定される。繰延税金負債は，税効果に係る会計基準の適用指針第28号8項（2）に従い，繰延税金負債を計上するが，企業が清算するまでに課税所得が生じないことが合理的に見込まれる場合及び子会社株式等に係る将来加算一時差異について，親会社等がその投資の売却等を会社自身で決めることができ，かつ予算可能な将来の期間にその売却等を行う意思がない場合を除いて繰延税金負債は，通常支払可能性は問題にならず全額計上される。

　一方，繰延税金資産は，繰延税金資産の回収可能性に関する適用指針（企業会計基準適用指針第26号）4項に従い，将来の会計期間において回収が見込まれない税金の額を控除し，繰延税金資産を計上するが，将来減算一時差異及び繰越欠損金について繰延税金資産を計上できるかどうかは，当該資産額が，将来の税金負担軽減効果があるかどうかの判断が重要になり，繰延税金資産の回収可能性に関する適用指針6項に従い，（1）収益力に基づく一時差異等加減算前課税所得の十分性，（2）タックスプランニングに基づく一時差異等加減算前課税所得，（3）将来加算一時差異の十分性により判断するが，多くの場合，（1）収益力に基づく一時差異等加減算前課税所得の十分性により判断するが，将来年度の会社の収益力を客観的に判断するのは実務上困難なため税効果会計に係る会計基準の適用指針（企業会計基準適用指針第28号）の将来年度の課税所得の見積額による繰延税金資産の回収可能性を過去の業績等に基づいて行う等の指針を判断基準として会社分類を行い，回収可能性を判断することになる。

　繰延税金資産の回収可能性の分類判定は税効果会計に係る会計基準の適用指

針（企業会計基準適用指針第28号）をもとに行われる。税効果会計に係る会計基準の適用指針（企業会計基準適用指針第28号）によると，会社分類は下記表のとおり整理できる（**図表7-1**）。

図表7-1　企業会計基準適用指針第26号「繰延税金資産の回収可能性に関する適用指針」に基づく将来年度の課税所得の見積額による繰延税金資産の回収可能性の判断指針

会社の状況	通常の将来減算一時差異の回収可能性の判断	タックスプランニング（含み益のある固定資産や有価証券の売却による課税所得の発生）の実現可能性の判断
分類1 次の要件をいずれも満たす企業は，（分類1）に該当する。 (1)　過去（3年）及び当期の全ての事業年度において，期末における将来減算一時差異を十分に上回る課税所得が生じている。 (2)　当期末において，経営環境に著しい変化がない。	繰延税金資産の全額について回収可能性が全額あり。スケジューリング不能な将来減算一時差異に係る繰延税金資産についても回収可能性あり。	タックスプランニングに基づく一時差異等加減算前課税所得の見積額を，将来の一時差異等加減算前課税所得の見積額に織り込んで繰延税金資産の回収可能性を考慮する必要はない。
分類2 次の要件をいずれも満たす企業は，（分類2）に該当する。 (1)　過去（3年）及び当期の全ての事業年度において，臨時的な原因により生じたものを除いた課税所得が，期末における将来減算一時差異を下回るものの，安定的に生じている。 (2)　当期末において，経営環境に著しい変化がない。 (3)　過去（3年）及び当期のいずれの事業年度においても重要な税務上の欠損金が生じていない。	一時差異等のスケジューリングの結果，繰延税金資産を見積る場合，当該繰延税金資産は回収可能性があり。原則として，スケジューリング不能な将来減算一時差異に係る繰延税金資産について，回収可能性がない。ただし，スケジューリング不能な将来減算一時差異のうち，税務上の損金算入時期が個別に特定できないが将来のいずれかの時点で損金算入される可能性が高いと見込まれるものについて，当該将来のいずれかの時点で回収できることを合理的に説明できる場合，当該スケジューリング不能な将来	下記①及び②をいずれも満たす場合，タックスプランニングに基づく一時差異等加減算前課税所得の見積額を，将来の一時差異等加減算前課税所得の見積額に織り込むことができる。 ①　資産の売却等に係る意思決定の有無及び実行可能性資産の売却等に係る意思決定が，事業計画や方針等で明確となっており，かつ，資産の売却等に経済的合理性があり，実行可能である場合 ②　売却される資産の含み益等に係る金額の妥当性売却される資産の含み益等に係る金額が，契約等

	減算一時差異に係る繰延税金資産は回収可能性があり。	で確定している場合又は契約等で確定していない場合でも，例えば，有価証券については期末の時価，不動産については期末前おおよそ1年以内の不動産鑑定評価額等の公正な評価額によっている場合
分類3 次の要件をいずれも満たす企業は，第26項（2）（過去（3年）において，重要な税務上の欠損金の繰越期限切れとなった事実がある）又は（3）（当期末において，重要な税務上の欠損金の繰越期限切れが見込まれる）の要件を満たす場合を除き，（分類3）に該当する。 （1）　過去（3年）及び当期において，臨時的な原因により生じたものを除いた課税所得が大きく増減している。 （2）　過去（3年）及び当期のいずれの事業年度においても重要な税務上の欠損金が生じていない。	将来の合理的な見積可能期間（概ね5年）以内の一時差異等加減算前課税所得の見積額に基づいて，当該見積可能期間の一時差異等のスケジューリングの結果，繰延税金資産を見積る場合，当該繰延税金資産は回収可能性があり。 臨時的な原因により生じたものを除いた課税所得が大きく増減している原因，中長期計画，過去における中長期計画の達成状況，過去（3年）及び当期の課税所得の推移等を勘案して，5年を超える見積可能期間においてスケジューリングされた一時差異等に係る繰延税金資産が回収可能であることを合理的に説明できる場合，当該繰延税金資産は回収可能性があり。	①及び②をいずれも満たす場合，タックスプランニングに基づく一時差異等加減算前課税所得の見積額を，将来の合理的な見積可能期間（概ね5年）又は第24項に従って繰延税金資産を見積る企業においては5年を超える見積可能期間の一時差異等加減算前課税所得の見積額に織り込むことができる。 ①　資産の売却等に係る意思決定の有無及び実行可能性将来の合理的な見積可能期間（概ね5年）又は5年を超える見積可能期間においてスケジューリングされた一時差異等に係る繰延税金資産が回収可能であることを合理的に説明できる企業においては5年を超える見積可能期間に資産を売却する等の意思決定が事業計画や方針等で明確となっており，かつ，資産の売却等に経済的合理性があり，実行可能である場合 ②　売却される資産の含み益等に係る金額の妥当性売却される資産の含み益等に係る金額が，契約等で確定している場合又は

		契約等で確定していない場合でも，例えば，有価証券については期末の時価，不動産については期末前おおよそ1年以内の不動産鑑定評価額等の公正な評価額によっている場合
分類4 次のいずれかの要件を満たし，かつ，翌期において一時差異等加減算前課税所得が生じることが見込まれる企業は，（分類4）に該当する。 (1) 過去（3年）又は当期において，重要な税務上の欠損金が生じている。 (2) 過去（3年）において，重要な税務上の欠損金の繰越期限切れとなった事実がある。 (3) 当期末において，重要な税務上の欠損金の繰越期限切れが見込まれる。	翌期の一時差異等加減算前課税所得の見積額に基づいて，翌期の一時差異等のスケジューリングの結果，繰延税金資産を見積る場合，当該繰延税金資産は回収可能性があり。 左記分類4の要件を満たす企業においては，重要な税務上の欠損金が生じた原因，中長期計画，過去における中長期計画の達成状況，過去（3年）及び当期の課税所得又は税務上の欠損金の推移等を勘案して，将来の一時差異等加減算前課税所得を見積る場合，将来において5年超にわたり一時差異等加減算前課税所得が安定的に生じることが合理的に説明できるときは（分類2）に該当するものとして取り扱われる。 左記分類4の要件を満たす企業においては，重要な税務上の欠損金が生じた原因，中長期計画，過去における中長期計画の達成状況，過去（3年）及び当期の課税所得又は税務上の欠損金の推移等を勘案して，将来の一時差異等加減算前課税所得を見積る場合，将来において概ね3年から5年程度は一時差異等加減算前課税	原則として，次の①及び②をいずれも満たす場合，タックスプランニングに基づく一時差異等加減算前課税所得の見積額を，翌期の一時差異等加減算前課税所得の見積額に織り込むことができる。 ① 資産の売却等に係る意思決定の有無及び実行可能性資産の売却等に係る意思決定が，取締役会等の承認，決裁権限者による決裁又は契約等で明確となっており，確実に実行されると見込まれる場合 ② 売却される資産の含み益等に係る金額の妥当性売却される資産の含み益等に係る金額が，契約等で確定している場合又は契約等で確定していない場合でも，例えば，有価証券については期末の時価，不動産については期末前おおよそ1年以内の不動産鑑定評価額等の公正な評価額によっている場合

	所得が生じることが合理的に説明できるときは（分類3）に該当するものとして取り扱われる。	
分類5 次の要件をいずれも満たす企業は，（分類5）に該当する。(1) 過去（3年）及び当期のすべての事業年度において，重要な税務上の欠損金が生じている。(2) 翌期においても重要な税務上の欠損金が生じることが見込まれる。	原則として，繰延税金資産の回収可能性はない。	原則として，繰延税金資産の回収可能性の判断にタックスプランニングに基づく一時差異等加減算前課税所得の見積額を織り込むことはできないものとする。ただし，税務上の繰越欠損金を十分に上回るほどの資産の含み益等を有しており，かつ，分類4の①及び②をいずれも満たす場合，タックスプランニングに基づく一時差異等加減算前課税所得の見積額を，翌期の一時差異等加減算前課税所得の見積額として織り込むことができる。

　上記表を見てわかるとおり，企業会計基準適用指針第26号繰延税金資産の回収可能性に関する適用指針に基づく判断を正しく行うためには当期及び過去3期の課税所得（繰越欠損金控除前で臨時的な原因により生じたものを除く），課税所得（繰越欠損金控除前），将来減算一時差異，繰越欠損金，将来の一時差異等加減算前課税所得見積額の推移を整理する必要がある。

②　繰延税金資産の回収可能性　会社分類判定にあたっての関連数値の整理

　まずは「税効果シート③　繰延税金資産の回収可能性　会社分類判定に関するワークシート」へ繰延税金資産の回収可能性　会社分類判定に関して重要となる数値を整理する。ワークシートにこれら5つの指標の数字を記入する（**図表7-2**）。

会社名：	福留聡株式会社
事業年度：	令和2年9月期

単位：円

企業会計基準適用指針第26号　会社の過去の課税所得並びに将来減算一時差異と将来の

	平成29年 9月期	平成30年 9月期	令和1年 9月期
課税所得（繰越欠損金控除前で臨時的な原因により生じたものを除く）	50,000,000	50,000,000	200,000
課税所得（繰越欠損金控除前）	53,000,000	58,000,000	(145,473,532)
将来減算一時差異	60,000,000	65,000,000	28,333,800
繰越欠損金	0	0	145,473,532
将来の一時差異等加減算前課税所得見積額	N/A	N/A	N/A

企業会計基準適用指針第26号分類　　　　　　　3

可能性　会社分類判定に関するワークシート

一時差異等加減算前課税所得見積額の推移

令和2年 9月期	令和3年 9月期	令和4年 9月期	令和5年 9月期	令和6年 9月期	令和7年 9月期
246,964,157	N/A	N/A	N/A	N/A	N/A
246,964,157	N/A	N/A	N/A	N/A	N/A
196,412,200	N/A	N/A	N/A	N/A	N/A
21,991,454	N/A	N/A	N/A	N/A	N/A
N/A	111,523,445	111,600,127	111,666,610	111,724,251	111,100,000

なお，各項目の数値は下記の資料から抽出する。

　課税所得は繰越欠損金控除前で，別表四の39差引計の金額，なお，臨時的な原因により生じた減損損失は別表加算されるため課税所得に影響していない。

　将来減算一時差異は「税効果シート①　税効果計算に関するワークシート」で集計し，期末残高合計から繰越欠損金残高を差し引いた金額（**図表7-4**）

　繰越欠損金は別表七（一）の合計の翌期繰越額（**図表7-5**）

（ⅰ）課税所得（図表7-3）

別表四（簡易様式）平三十一・四・一以後終了事業年度分

所得の金額の計算に関する明細書（簡易様式）	事業年度	令和1・10・1 令和2・9・30	法人名	福留聡株式会社

区　　　分		総　額 ①	留　保 ②	社　外　流　出 ③
当 期 利 益 又 は 当 期 欠 損 の 額	1	60,614,479 円	50,614,479 円	配当 10,000,000 円 / その他
損金経理をした法人税及び地方法人税（附帯税を除く。）	2			
損金経理をした道府県民税及び市町村民税	3	145,000	145,000	
損金経理をした納税充当金	4	46,299,800	46,299,800	
損金経理をした附帯税（利子税を除く。）、加算金、延滞金（延納分を除く。）及び過怠税	5			その他
減価償却の償却超過額	6	1,335,000	1,335,000	
役員給与の損金不算入額	7			その他
交際費等の損金不算入額	8			その他
貸倒引当金限度超過	9	3,500,000	3,500,000	
次 葉 紙 合 計	10	164,940,721	164,940,721	
小　　　　計	11	216,220,521	216,220,521	
減価償却超過額の当期認容額	12			
納税充当金から支出した事業税等の金額	13			
受取配当等の益金不算入額（別表八（一）「13」又は「26」）	14			※
外国子会社から受ける剰余金の配当等の益金不算入額（別表八（二）「26」）	15			※
受贈益の益金不算入額	16			※
適格現物分配に係る益金不算入額	17			※
法人税等の中間納付額及び過誤納に係る還付金額	18			
所得税額等及び欠損金の繰戻しによる還付金額等	19			※
次 葉 紙 合 計	20	30,000,000	30,000,000	
小　　　　計	21	30,000,000	30,000,000	外※
仮　計 (1)+(11)-(21)	22	246,835,000	236,835,000	外※ 10,000,000
関連者等に係る支払利子等の損金不算入額（別表十七（二の二）「24」又は「29」）	23			その他
超過利子額の損金算入額（別表十七（二の三）「10」）	24	△		※ △
仮　計 (22)から(24)までの計	25	246,835,000	236,835,000	外※ 10,000,000
寄附金の損金不算入額（別表十四（二）「24」又は「40」）	27	129,157		その他 129,157
法人税額から控除される所得税額（別表六（一）「6の③」）	29			その他
税額控除の対象となる外国法人税の額（別表六（二の二）「7」）	30			その他
分配時調整外国税相当額及び外国関係会社等に係る控除対象所得税額等相当額（別表六（五の二）「5の②」+別表十七（三の十二）「1」）	31			その他
合　計 (25)+(27)+(29)+(30)+(31)	34	246,964,157	236,835,000	外※ 10,129,157
契約者配当の益金算入額（別表九（一）「13」）				
中間申告における繰戻しによる還付に係る災害損失欠損金額の益金算入額	37			※
非適格合併又は残余財産の全部分配等による移転資産等の譲渡利益額又は譲渡損失額	38			※
差　引　計 (34)+(37)+(38)	39	246,964,157	236,835,000	外※ 10,129,157
欠損金又は災害損失金等の当期控除額（別表七（一）「4の計」+別表七（四）「9」若しくは「21」又は別表七（五）「10」）	40	△ 123,482,078		※ △ 123,482,078
総　　　　計 (39)+(40)	41	123,482,079	236,835,000	外※ △ 123,482,078 / 10,129,157
新鉱床探鉱費又は海外新鉱床探鉱費の特別控除額（別表十（三）「43」）	42	△		※ △
残余財産の確定の日の属する事業年度に係る事業税の損金算入額	46	△	△	
所 得 金 額 又 は 欠 損 金 額	47	123,482,079	236,835,000	外※ △ 123,482,078 / 10,129,157

（ⅱ）将来減算一時差異（図表7-4）

図表7-4　税効果シート①

会社名：	福留聡株式会社
事業年度：	令和2年9月期

項目	A：前期末残高 ＝別表五（一）期首 現在利益積立金額	B：加算 ＝別表五（一） 当期の増減の増	C：減算 ＝別表五（一） 当期の増減の減	D：期末残高 ＝別表五（一）差引翌 期首現在利益積立金額
賞与引当金	10,000,000	20,000,000	10,000,000	20,000,000
貸倒引当金（流動）	1,500,000	1,500,000	1,500,000	1,500,000
未払事業税（注1）	0	11,577,200	0	11,577,200
繰越欠損金（注2）	145,473,532		123,482,078	21,991,454
退職給付引当金	60,000,000	10,000,000	20,000,000	50,000,000
役員退職慰労引当金	8,000,000	2,000,000		10,000,000
土地減損損失	0	100,000,000	0	100,000,000
減価償却超過額（建物）	0	1,000,000		1,000,000
減価償却超過額（工具器具備品）	0	335,000		335,000
貸倒引当金（固定）	0	2,000,000	0	2,000,000
小計	224,973,532	148,412,200	154,982,078	218,403,654
その他有価証券評価差額金	(8,000,000)	(10,000,000)	(8,000,000)	(10,000,000)
合計	(8,000,000)	(10,000,000)	(8,000,000)	(10,000,000)

（注1）未払事業税の金額は，別表五（一）をもとに計算した金額又は納付税額一覧表又は事業税・都道府県民税内訳
　　　表から転記する。
（注2）繰越欠損金の金額は，別表七（一）から転記する。
（注3）前期末の数字は，前期末の開示用ではなく，当期の仕訳作成，図表2-5　税効果プルーフに関するワークシート
　　　の評価性引当額の増加額算定のために参考として作成している。

```
Ⅰ会計処理（令和2年9月期）
(1) その他包括利益項目以外の税効果仕訳
①前期計上額の取崩　　法人税等調整額　　　68,886,895　　繰延税金資産　　　　68,886,895

②当期分の計上　　　　繰延税金資産　　　　35,946,174　　法人税等調整額　　　35,946,174
(2) その他包括利益項目の税効果仕訳
①前期計上額の取崩　　その他有価証券評価差額金　5,550,400　投資有価証券　　　　8,000,000
　　　　　　　　　　　繰延税金負債　　　　2,449,600
②当期分の計上　　　　投資有価証券　　　　10,000,000　　その他有価証券評価差額金　6,938,000
　　　　　　　　　　　　　　　　　　　　　　　　　　　繰延税金負債　　　　3,062,000
```

```
Ⅱ会計処理（令和2年9月期）－Ⅰの複合仕訳
(1) その他包括利益項目以外の税効果仕訳
Ⅰ会計処理（令和2年9月期）の①＋②　法人税等調整額　32,940,721　繰延税金資産　　32,940,721
(2) その他包括利益項目の税効果仕訳
Ⅰ会計処理（令和2年9月期）の①＋②　投資有価証券　2,000,000　その他有価証券評価差額金　1,387,600
　　　　　　　　　　　　　　　　　　　　　　　　　　　　　繰延税金負債　　　612,400
```

税効果計算に関するワークシート

（単位：円）

E：評価性引当額控除前繰延税金資産＝D．期末残高×30.62%	F：回収不能一時差異	G：評価性引当額＝F：回収不能一時差異×30.62%	H：評価性引当額控除後一時差異＝D＋F	I：開示ベースの繰延税金資産＝G×30.62%	
6,124,000	0	0	20,000,000	6,124,000	
459,300	0	0	1,500,000	459,300	
3,544,939	0	0	11,577,200	3,544,939	
6,733,783	0	0	21,991,454	6,733,783	
15,310,000	0	0	50,000,000	15,310,000	
3,062,000	(1,000,000)	(306,200)	9,000,000	2,755,800	
30,620,000	(100,000,000)	(30,620,000)	0	0	
306,200	0	0	1,000,000	306,200	
102,577	(9,225)	(2,825)	325,775	99,752	
612,400	0	0	2,000,000	612,400	
66,875,199	(101,009,225)	(30,929,025)	117,394,429	35,946,174	②
(3,062,000)	0	0	(10,000,000)	(3,062,000)	
(3,062,000)	0	0	(10,000,000)	(3,062,000)	④

期末将来減算一時差異合計	196,412,200	
繰延税金資産	35,946,174	①
繰延税金負債	(3,062,000)	②
開示　繰延税金資産	32,884,174	③＝①＋②
法人税等調整額	32,940,721	④＝①－①

（注3）　（参考：前期末）　　　　　　　　　　　　　　　　（単位：円）

J：前期末評価性引当額控除前繰延税金資産＝A×30.62%	K：前期末評価性引当額＝回収不能一時差異×30.62%	L：前期末の開示ベースの繰延税金資産＝J＋K	
3,062,000		3,062,000	
459,300		459,300	
0		0	
44,543,995		44,543,995	
18,372,000		18,372,000	
2,449,600		2,449,600	
0		0	
0		0	
0		0	
0		0	
68,886,895	0	68,886,895	②′
(2,449,600)		(2,449,600)	④′
(2,449,600)		(2,449,600)	④′

期末将来減算一時差異合計	79,500,000		
繰延税金資産	68,886,895	①′	前期末B/Sと一致確認
繰延税金負債	(2,449,600)	②′	
開示　繰延税金資産	66,437,295	③′＝①′＋②′	前期末B/Sと一致確認

（iii）繰越欠損金（図表7-5）

⑤ 欠損金又は災害損失金の損金算入等に関する明細書

事業年度	令和1・10・1 令和2・9・30	法人名	福留聡株式会社

控除前所得金額 （別表四「39の①」）−（別表七（二）「9」又は「21」）	1	246,964,157 円	所得金額控除限度額 (1) × 50又は100 / 100	2	123,482,078

事業年度	区分	控除未済欠損金額 3	当期控除額 （当該事業年度の(3)と((2)−当該事業年度前の(4)の合計額))のうち少ない金額 4	翌期繰越額 ((3)−(4))又は(別表七(三)「15」) 5
・・・	青色欠損・連結みなし欠損・災害損失	円		円
平30・10・1 令1・9・30	(青色欠損)・連結みなし欠損・災害損失	145,473,532	123,482,078	21,991,454 円
・・・	青色欠損・連結みなし欠損・災害損失			
・・・	青色欠損・連結みなし欠損・災害損失			
・・・	青色欠損・連結みなし欠損・災害損失			
・・・	青色欠損・連結みなし欠損・災害損失			
・・・	青色欠損・連結みなし欠損・災害損失			
・・・	青色欠損・連結みなし欠損・災害損失			
計		145,473,532	123,482,078	21,991,454

当期分	欠損金額 （別表四「47の①」）		欠損金の繰戻し額	
	同上のうち	災害損失金		
		青色欠損金		
	合計		21,991,454

災害により生じた損失の額の計算

災害の種類		災害のやんだ日又はやむを得ない事情のやんだ日	・・・	
災害を受けた資産の別	棚卸資産 ①	固定資産 （固定資産に準ずる繰延資産を含む。） ②	計 ①+② ③
当期の欠損金額 （別表四「47の①」）	6			円
災害により生じた損失の額	資産の滅失等により生じた損失の額	7	円	円
	被害資産の原状回復のための費用等に係る損失の額	8		
	被害の拡大又は発生の防止のための費用に係る損失の額	9		
	計 (7)+(8)+(9)	10		
保険金又は損害賠償金等の額	11			
差引災害により生じた損失の額 (10)−(11)	12			
同上のうち所得税額の還付又は欠損金の繰戻しの対象となる災害損失金額	13			
中間申告における災害損失欠損金の繰戻し額	14			
繰戻しの対象となる災害損失欠損金額 ((6の③)と((13の③)−(14の③))のうち少ない金額)	15			
繰越控除の対象となる損失の額 ((6の③)と((12の③)−(14の③))のうち少ない金額)	16			

126

④　繰延税金資産の回収可能性　会社分類判定

　会社は，分類4の要件である過去（3年）又は当期において，重要な税務上の欠損金が生じており，かつ，翌期において，一時差異等加減算前課税所得が生じることが見込まれる（繰延税金資産の回収可能性に関する適用指針26項）。

　ただし，会社は事業計画により，将来において概ね5年程度は，一時差異等加減算前課税所得が生じることを合理的に説明できるため，分類3に該当するものとして取り扱う（繰延税金資産の回収可能性に関する適用指針29項）。

第8章 一時差異解消のスケジューリング

　税効果会計の**STEP5**は，一時差異解消のスケジューリングを実施することである。

　繰延税金資産の回収可能性を検討する上では，一時差異がどの期に解消するかのスケジューリングを行う必要がある。

　繰延税金資産の回収可能性を判定するに際し，課税所得の発生時期と解消時期が明確になっている必要があり，これらが，明確でない場合は，将来減算一時差異解消前の課税所得に対して将来減算一時差異を充当することにより，課税所得を減らすことで税額を減少することができるかどうかの判定ができないことになる。

　一時差異がどの期に解消するかスケジューリングを行うが，一時差異には，一時差異がどの期に解消するか合理的に見積り可能であるスケジューリング可能な一時差異と合理的な見積りを行えないスケジューリング不能な一時差異がある。

　一時差異は，通常，下記①又は②の要件を見込める場合にスケジューリング可能な一時差異となる。

① 　将来の一定の事実が発生することによって，税務上損金又は益金算入の要件を充足することが見込まれる一時差異

② 　会社による将来の一定の行為の実施についての意思決定又は実施計画等の存在により，税務上損金又は益金算入の要件を充足することが見込まれる一時差異

　これらの一時差異について，期末に，将来の一定の事実の発生が見込めないこと又は将来の一定の実施についての意思決定又は実施計画等が存在しないことにより，税務上損金又は益金算入の要件を充足することが見込めない場合には，当該一時差異は，税務上の損金又は益金算入時期が明確でないため，スケジューリング不能な一時差異となる。

第7章繰延税金資産の回収可能性の分類判定（図表7-1　将来年度の課税所得の見積額による繰延税金資産の回収可能性の判断指針）の参照のとおり，会社分類1を除き，スケジューリング不能な一時差異は，期末において将来の損金算入時期が明確となっていないため，将来の課税所得の減額が明確でないため繰延税金資産を計上できない。

図表8-1　税効果シート④　税効果

会社名：	福留聡株式会社
事業年度：	令和2年9月期

企業会計基準適用指針第26号分類3→概ね5年以内のスケジューリングの範囲内で回収可能

項目		当期末残	解消予測		
			令和3年9月期	令和4年9月期	令和5年9月期
課税所得①		実効税率	30.62%	30.62%	30.62%
	税引前当期純利益		100,000,000	100,000,000	100,000,000
	損金不算入項目（交際費）				
	損金不算入項目（寄附金）		100,000	100,000	100,000
	益金不算入項目（受取配当金）				
	退職給付引当金		10,000,000	10,000,000	10,000,000
	減価償却超過額（建物）		1,000,000	1,000,000	1,000,000
	減価償却超過額（工具器具備品）		423,445	500,127	566,610
	その他恒常的加減算項目		17,044,600		
	小計		128,568,045	111,600,127	111,666,610
	将来加算一時差異の解消予定額				
	タックスプランニング（土地売却等）　ア				
	その他調整				
	課税所得①　合計　A		128,568,045	111,600,127	111,666,610

①　課税所得見込額の算定

「税効果シート④　税効果スケジューリング表に関するワークシート」の上段で最初に，将来減算一時差異解消額前の「課税所得①」を算定する（**図表8-1**）。

福留聡株式会社は，会社分類が３であり，概ね５年内の課税見積額を限度とするスケジューリング可能一時差異は回収可能性ありと判断できる。したがって，令和３年９月期～令和７年９月期まで５年間の課税所得を見積もることが

スケジューリング表に関するワークシート

（単位：円）

令和6年 9月期	令和7年 9月期	5年超解消	記載要領
30.62%	30.62%		
100,000,000	100,000,000		経営計画数値を記載。
100,000	100,000		経営計画に織り込んでいる寄附金をもとに損金不算入額を推定し5年分記載。
10,000,000	10,000,000		経営計画に織り込んでいる退職給付費用を戻し5年分記載。
1,000,000	1,000,000		5年間の償却超過予定額を記載。
624,251			5年間の償却超過予定額を記載。
			左記は流動分の賞与引当金（法定福利費含む），事業税外形標準（税前利益から開始のため所得割除く）の合計。流動分の賞与引当金（法定福利費含む）はスケジューリング表の減算額とほぼ同額の加算と考え記載，事業税はスケジューリング表が税前利益から始まるためここは計画の外形標準課税分を加算，2期以降は流動項目は加算減算ほぼ同額と考え調整しない。
111,724,251	111,100,000		
111,724,251	111,100,000		

項目		当期末残	解消予測		
			令和3年 9月期	令和4年 9月期	令和5年 9月期
将来減算一時差異解消額					
	賞与引当金	10,000,000	10,000,000		
	貸倒引当金（流動）	1,500,000	300,000	300,000	300,000
	未払事業税	11,577,200	11,577,200		
	退職給付引当金	60,000,000	10,000,000	10,000,000	10,000,000
	減価償却超過額（建物）	1,000,000			
	減価償却超過額（工具器具 備品）	335,000			
	役員退職慰労引当金	10,000,000	2,000,000		
	土地減損損失	100,000,000			
	貸倒引当金（固定）	2,000,000		2,000,000	
	計　　　　　　　　　　B	196,412,200	33,877,200	12,300,000	10,300,000
	回収可能額　　　　　　C	84,402,975	33,877,200	12,300,000	10,300,000
	回収不能・繰越欠損金発生　イ		―	―	―
	差引　課税所得②　　　　ウ		94,690,845	99,300,127	101,366,610

令和6年 9月期	令和7年 9月期	5年超解消	記載要領
		—	OK
300,000	300,000	—	OK
		—	OK
10,000,000	10,000,000	10,000,000	長期項目。会社負担年金掛金拠出額と一時金支払額の合計。分類3の場合，年金掛金拠出額は5年間の拠出予定額，一時金支払額は定年支給予定額を5年間分記載，企業会計基準適用指針第26号102項に従い，（分類3）に該当する企業において，将来の合理的な見積可能期間（概ね5年）を超えた期間における解消見込年度が長期にわたる将来減算一時差異の取扱いについては，当該取扱いが検討された過去の経緯を踏まえ，監査委員会報告第66号における取扱いを踏襲し，5年間のスケジューリングを行った上で，その期間を超えた年度であっても最終解消年度までに解消されると見込まれる退職給付引当金は回収可能。
		1,000,000	長期項目。企業会計基準適用指針第26号102項に従い，（分類3）に該当する企業において，将来の合理的な見積可能期間（概ね5年）を超えた期間における解消見込年度が長期にわたる将来減算一時差異の取扱いについては，当該取扱いが検討された過去の経緯を踏まえ，監査委員会報告第66号における取扱いを踏襲し，建物の減価償却の償却超過額は，5年間のスケジューリングを行った上で，その期間を超えた年度であっても最終解消年度までに解消されると見込まれは回収可能。
	325,775	9,225	スケジューリング不能 スケジューリングを行い，解消年度に記入する。
6,000,000	1,000,000	1,000,000	スケジューリング不能 内規に従った解消年度に記入する。企業会計基準適用指針第26号106項に従い，役員退職慰労引当金に係る将来減算一時差異については，スケジューリングの結果に基づいて繰延税金資産の回収可能性を判断するものであり，退職給付引当金や建物の減価償却超過額のように将来解消見込年度が長期となる将来減算一時差異には該当しない。
		100,000,000	スケジューリング不能 売却計画経たない限りスケジューリング不能。
		—	OK 固定貸倒引当金は返済予定表あれば返済スケジュールに従い入力する。
16,300,000	11,625,775		
16,300,000	11,625,775		年度ごとに 一時差異解消予定額（B）が課税所得（A）以下の場合はBの金額。 一時差異解消予定額（B）が課税所得（A）以上の場合はAの金額。
—	—		
95,424,251	99,474,225		A＞Cの場合のみ，課税所得（A）－回収可能額（C）を記入

項目		当期末残	解消予測		
			令和3年 9月期	令和4年 9月期	令和5年 9月期
	（スケジューリング不能額）　エ 減価償却超過額（工具器具 備品）	9,225			
	役員退職慰労引当金	1,000,000			
	土地減損損失	100,000,000			
	計　　　　　　　　　　D	101,009,225			
繰越欠損金	オ				
	当期末残	21,991,454	—	—	—
	令和3年9月期		—	—	—
	令和4年9月期				
	令和5年9月期				
	令和6年9月期				
	令和7年9月期				
	未回収残高　　　　　E	21,991,454	—	—	—
	回収可能額　　　　　F	21,991,454	21,991,454	—	—
	回収不能額　　　　　G				
（繰延税金資産）					
資産計上	回収可能額	106,394,429	（＝C＋F）		
	長期解消項目一時差異　カ	11,000,000			
	回収可能額　合計	117,394,429	（＝B－D＋E）		
	税率	30.62%	（繰延税金負債考慮前）		
	金額	35,946,174			
資産未計上	回収不能額	101,009,225	（＝D＋G）		
	税率	30.62%			
	金額	30,929,025	（評価性引当額と一致）		

134

令和6年 9月期	令和7年 9月期	5年超解消	記載要領
			分類3の場合，5年内の減算認容が見込まれないものがあれば，記載
			分類3の場合，5年内の減算認容が見込まれないものがあれば，記載
			分類3の場合，5年内の減算認容が見込まれないものがあれば，記載
—	—		上記課税所得の発生している年度に充当をしていく。大法人は，平成30年4月1日以後に終了した事業年度において生じた欠損金額からウ差引　課税所得②の50%の控除制限がある。
—	—		上記課税所得の発生している年度に充当をしていく。大法人は，平成30年4月1日以後に終了した事業年度において生じた欠損金額からウ差引　課税所得②の50%の控除制限がある。
—	—		
—	—		充当できた金額を記入していく（1番左はその合計が記載される）。大法人は，平成30年4月1日以後に終了した事業年度において生じた欠損金額からウ差引　課税所得②の50%の控除制限がある。
			分類3の場合，上記で退職給付引当金及び建物減価償却超過額は，5年間のスケジューリングを行い，回収可能な場合のみ5年超分を回収可能として記載する。

できる。

　なお，実務上，繰延税金資産の回収可能性に関する適用指針25項に記載の
とおり，「将来の課税所得の合理的な見積もり可能期間（概ね5年）は，個々の
会社の業績予測期間，業績予測能力，会社の置かれている経営環境等を勘案し，
5年以内より短い期間となる場合がある」。その場合には，5年より短い期間
を見積可能期間とする必要があることに留意する。

　各項目の記載する数値は，ワークシート上の「記載要領」に記載したとおり
である。

　税引前当期純利益は，経営計画の数値を転記する。その前提として，令和3
年9月期〜令和7年9月期までの経営計画は，取締役会の承認を得ており，過
去の経営計画の計画値と実績値に大きな乖離はないため，計画値を信頼してそ
のまま使用できるものとする。

　また，本設例の将来減算一時差異として土地減損損失があるが，特に売却計
画等タックスプランニングは存在しないものとする。

　将来減算一時差異解消額前の「課税所得①」算定にあたっての実務上のポイ
ントは，経営計画で見込まれている恒常的加減算項目のうち，固定項目は，経
営計画で見込まれている5年間の金額を記入するが，流動項目は，初年度の令
和3年9月期は加算し，2年目以降は，加算される金額と減算される金額がほ
ぼ同額と考えて調整しない実務対応が多いことである。ただし，流動項目の2
年目以降も必要に応じて加減算金額の純額を調整しても構わない。

①　将来減算一時差異解消額の算定

　次に，税効果スケジューリング表に関するワークシートの将来減算一時差異
解消額前の課税所得①より下の，将来減算一時差異解消額について説明する。

　一時差異のスケジューリングについては，スケジューリング可能な一時差異
かスケジューリング不能な一時差異かの判断，スケジューリング可能な一時差
異については，どの期にどれだけ解消するかが，一時差異解消のスケジューリ
ングの重要なポイントになる。

　本設例における将来減算一時差異の各項目のスケジューリング方法は，下記の考え方に基づいている。

（ⅰ）　賞与引当金（法定福利費含む）

　翌期に賞与を支給することにより，減算され，一時差異は解消される。

　賞与引当金に係る法定福利費も賞与引当金と同様に翌期に社会保険料が納付されることにより，減算され，一時差異は解消される。

　本設例では，令和2年9月期の賞与引当金残高10,000,000円は令和3年9月期に全額支払いにより，解消され，令和4年9月期〜令和7年9月期は，加算される金額と減算される金額がほぼ同額と考えて調整していない。

（ⅱ）　貸倒引当金（流動）

　貸倒引当金は，貸倒引当金計上対象の債権が回収されるか，税務上の貸倒損失の要件を満たした時等に減算され，一時差異は解消される。回収スケジュールがあり，それに従って入金されている場合以外は，相手先の状況に依存する場合が多く，スケジューリングできない場合が多い。

　しかし，監査委員会報告第66号『繰延税金資産の回収可能性の判断に関する監査上の取扱い』によると，貸倒引当金は，「損失の発生時期を個別に特定し，スケジューリングすることが困難な場合には，過去の損金算入実績に将来の合理的な予測を加味した方法等により合理的にスケジューリングが行われている限りスケジューリング不能な一時差異とは取り扱わない」とされている。

　すなわち，過去の損金算入実績の傾向把握に合理性があり，当該傾向把握をもとに解消方針を策定し，スケジューリングをパターン化する等によるスケジューリング可能な一時差異と同様に扱われうる。

　本設例において，一般債権の貸倒引当金（流動）の令和2年9月期残高1,500,000円は，過去の損金算入実績から，毎期平均的に残高の20％の300,000円ずつ減算されているものと仮定し，令和3年9月期〜令和7年9月期の5年間で全額解消されるものとしている。

　なお，一般債権の貸倒引当金（流動）の毎期の洗替は，毎期貸倒引当金を売掛金残高等に基づき再計算しているだけであり，貸倒引当金の洗替は，一時差

異が解消されていることにならないことに留意する。これは，本設例で，貸倒引当金（流動）の前期末残高1,500,000円が会計上当期に洗替され，税務上同額減算されており，当期末も売掛金残高が同額となったため，会計上当期も同額の貸倒引当金1,500,000円が計上された上で，税務上同額が加算されていることからも明らかである。

（ⅲ）　未払事業税

翌期に事業税が納付されることにより，減算され，一時差異は解消される。

本設例では，令和2年9月期の未払事業税残高11,577,200円は令和3年9月期に全額支払いにより，解消され，令和4年9月期～令和7年9月期は，加算される金額と減算される金額がほぼ同額と考えて調整していない。

（ⅳ）　退職給付引当金

退職給付引当金，建物減価償却超過額等将来解消年度が長期にわたる将来減算一時差異の取扱いは繰延税金資産の回収可能性に関する適用指針35項に従い，会社分類3の場合は，将来の合理的な見積可能期間（概ね5年）において当該将来減算一時差異のスケジューリングを行った上で，当期見積可能期間を超えた期間であっても，当期末における当該将来減算一時差異の最終解消されると見込まれる将来減算一時差異に係る繰延税金資産は回収可能性があると判断できる。

退職給付引当金は，年金掛金の拠出，一時金の支払，退職給付制度の移行・終了による退職給付引当金の取り崩し等により，減算され，一時差異は解消される。

また，退職給付引当金は，貸倒引当金同様に年金掛金の拠出，一時金の支払時期を個別に特定し，スケジューリングすることが困難な場合でも，過去の損金算入実績に将来の合理的な予測を加味した方法等により合理的にスケジューリングする方法等によりスケジューリングすることが実務上行われている。

本設例において，退職給付引当金が令和2年9月期残高で60,000,000円あり，年金掛金の拠出又は一時金の支払は，支払時期を個別に特定し，スケジューリングすることは困難であるが，過去の損金算入実績から，毎期10,000,000円ず

つ減算されているものと仮定すると，令和3年9月期〜令和7年9月期の5年間で50,000,000円解消しており，5年超の令和8年9月期に10,000,000円解消する予定であるが，上記の表にあてはめると，福留聡株式会社は，会社分類が分類3であるため5年間のスケジューリングを行った上でその期間を超えた年度であっても最終解消年度までに解消されると見込まれる退職給付引当金に係る繰延税金資産は回収可能性がある＝全額回収可能と判断できるため，5年超の令和8年9月期に解消される10,000,000円を含め全額解消可能であると判断できる。

（ⅴ）　減価償却超過額（建物）

建物減価償却超過額も，退職給付引当金同様に将来解消年度が長期にわたる将来減算一時差異とされており，繰延税金資産の回収可能性に関する適用指針35項に従い，将来減算一時差異の回収可能性の判断する。

参考資料1.減価償却費に関する資料によると，建物の会計上の減価償却費は，取得価額200,000,000円，耐用年数40年，償却率0.025，定額法により，40年間毎期200,000,000円×0.025＝5,000,000円減価償却費が計上される。一方，税務上の減価償却費は，取得価額200,000,000円，耐用年数50年，償却率0.020，定額法により，50年間毎期200,000,000円×0.020＝4,000,000円減価償却費が計上される。そのため，取得後40年間は減価償却超過額が1,000,000円となり，40年間の合計40,000,000円が，会計上の減価償却終了後，税務上の耐用年数と会計上の耐用年数との差異である10年（＝50年－40年）で毎年40,000,000円÷10＝4,000,000円ずつ税務上認容減算され解消される。令和3年9月期〜令和7年9月期の5年間の建物減価償却超過額の算定資料は下記のとおりとなる（**図表8-2**）。

図表8-2

建物の今後5年間の償却費	令和3年9月期	令和4年9月期	令和5年9月期	令和6年9月期	令和7年9月期
税務上の減価償却費	4,000,000	4,000,000	4,000,000	4,000,000	4,000,000
会計上の減価償却費	5,000,000	5,000,000	5,000,000	5,000,000	5,000,000
償却超過額	1,000,000	1,000,000	1,000,000	1,000,000	1,000,000

上記算定された，令和3年9月期～令和7年9月期の5年間の建物減価償却超過額の毎期1,000,000円は将来減算一時差異解消額前の「課税所得①」算定にあたって税引前当期純利益に加算されている。

　したがって，令和2年9月期の建物減価償却超過額1,000,000円は，全額令和8年9月期以降解消されるが，福留聡株式会社は，会社分類が分類3であるため5年間のスケジューリングを行った上でその期間を超えた年度であっても最終解消年度までに解消されると見込まれる建物減価償却超過額に係る繰延税金資産は回収可能性がある＝全額回収可能と判断できるため，全額解消可能であると判断できる。

（vi）　減価償却超過額（工具器具備品）

　工具器具備品の減価償却超過額は，会計上の耐用年数が税務上の耐用年数より短い等の理由により生じたものであるため，会計上の償却期間が経過してから，税務上の償却期間に達するまでに徐々に解消されていく。また，売却，廃棄等により解消される。なお，繰延税金資産の回収可能性に関する適用指針35項によると，長期解消一時差異は，退職給付引当金や建物の減価償却超過額等と記載されており，これは，例えば，一般的に解消年度が長期とならない役員退職慰労引当金や，建物以外の減価償却超過額は，長期解消一時差異に該当せず，通常のスケジューリングが必要とされると解されている。

　参考資料1.減価償却費に関する資料に基づき，令和3年9月期～令和7年9月期までの工具器具備品の税務上の減価償却費，会計上の減価償却費，税務上の減価償却費と会計上の減価償却費の差異で算定される償却超過額又は認容額，定率法を採用している場合には，定率法により計算した減価償却費が一定の金額を下回るときに，償却方法を定率法から定額法に切り替えて減価償却費を計算することとする場合の一定の額である償却保証額を算定すると下記のとおりになる（**図表8-3**）。

図表8-3

器具備品の今後5年間の償却費	令和3年9月期	令和4年9月期	令和5年9月期	令和6年9月期	令和7年9月期
税務上の減価償却費	576,555	499,873	433,390	375,749	325,775
会計上の減価償却費	1,000,000	1,000,000	1,000,000	1,000,000	0
償却超過額又は認容額（−）	423,445	500,127	566,610	624,251	− 325,775
償却保証額	228,250	228,250	228,250	228,250	228,250

　上記表の令和3年9月期の計算のみ例示で示すと，税務上の減価償却費は，税務上は耐用年数15年の定率法のため，前期末簿価（＝取得原価5,000,000円−減価償却累計額665,000円）×税務上の償却率0.133＝576,555円，会計上の減価償却費は，耐用年数5年の定額法のため，取得原価5,000,000円×会計上の償却率0.200＝1,000,000円，償却超過額＝会計上の減価償却費1,000,000円−税務上の減価償却費576,555円＝423,445円，償却保証額＝取得原価5,000,000円×税務上の保証率0.04565＝228,250円となる。令和4年9月期〜令和7年9月期も令和3年9月期同様に計算する。

　福留聡株式会社は，会社分類が3の会社であり，設備の売却，廃棄等が5年以内に予定されていないものと仮定すると減価償却を通じて5年以内に解消される一時差異（令和7年9月期の325,775円）を除き，5年超に解消される一時差異（9,225円）は，解消不能な一時差異とされる。

　なお，令和3年9月期〜令和6年9月期の償却超過額は，将来減算一時差異解消額前の「課税所得①」算定にあたって税引前当期純利益に加算されている。

（vii）　役員退職慰労引当金

　繰延税金資産の回収可能性に関する適用指針37項によると，役員退職慰労引当金に係る将来減算一時差異は，役員在任期間の実績や社内規程等に基づいて役員退任時期を合理的に見込む方法等により，スケジューリングが行われている場合には，スケジューリングの結果に基づいて繰延税金資産の回収可能性を判断する。

　福留聡株式会社は，会社分類が3の会社であり，「役員在任期間の実績や内

規等に基づいて役員の退任時期を合理的に見込み」算定した5年以内に解消される一時差異（平成28年3月期2,000,000円，平成31年3月期6,000,000円，平成32年3月期1,000,000円の合計9,000,000円）を除き，5年超に解消される一時差異（1,000,000円）は，解消不能な一時差異とされる。

（viii）　土地減損損失

繰延税金資産の回収可能性に関する適用指針36項（2）非償却資産によると，土地等非償却資産の減損損失に係る将来減算一時差異は，売却等に係る意思決定又は実施計画がない場合，スケジューリング不能な一時差異として取り扱う。福留聡株式会社は，会社分類が分類3の会社であり，5年以内に売却予定の取締役会の承認がある等売却等の合理的な計画等がないため，全額スケジューリング不能な一時差異とされる。

（ix）　貸倒引当金（長期）

貸倒引当金のスケジューリングの考え方は，（ii）貸倒引当金（流動）を参照されたい。

本設例の令和2年9月期貸倒引当金（長期）残高2,000,000円は，参考資料2.貸倒引当金に関する資料によると，福留商事株式会社に対する破産更生債権2,000,000円であり，令和4年9月期中に，破産手続の終結により，全額切捨てが予定されているとすると，令和4年9月期に全額が税務上認容減算され解消されるため，スケジューリング可能な一時差異とされる。

（x）　その他有価証券評価差額金

　（a）　採用した会計方針，計上された有価証券評価差額金の仮定

　　　福留聡株式会社は，その他有価証券評価差額金の処理は，継続適用を条件として認められる例外的方法である部分純資産直入法によらず，原則的方法である全部純資産直入法を採用しているものとする（金融商品会計に関する実務指針73項）。

　　　また，福留聡株式会社は，その他有価証券評価差額金の税効果会計について，評価差額を原則的処理（個別銘柄ごとに評価差損については回収可能性を検討した上で繰延税金資産を認識するとともに，評価差益について繰延税

金負債を認識する方法）によらずに，例外処理（評価差額について一括して税効果会計を適用する方法）を採用しているものとする。

　また，計上されているその他有価証券の評価差額金は全額スケジューリング不能なものとする。

　その他有価証券の評価差額は，全額スケジューリングが不能な場合，その評価差額を評価差損と評価差益とに区分せず，各合計額を相殺した後の純額の評価差損又は評価差益について，繰延税金資産又は繰延税金負債を認識することとなる（繰延税金資産の回収可能性に関する適用指針38項（2））。

　なお，例外処理（評価差額について一括して税効果会計を適用する方法）を採用した場合に，スケジューリング可能な場合は，評価差損（将来減算一時差異）については，回収可能性を検討した上で繰延税金資産を認識するとともに，評価差益（将来減算一時差異）については繰延税金負債を認識する（繰延税金資産の回収可能性に関する適用指針39項）。

(b)　本設例による取扱い

　福留聡株式会社においては，純額で評価差益になるので，繰延税金資産の回収可能性に関する適用指針39項（1）に従い，期末評価差益10,000,000円に対し繰延税金負債を認識する。また，当該評価差益はスケジューリング不能な将来加算一時差異のため，繰延税金資産の回収可能性の判断にあたっては，評価差額以外の将来減算一時差異とは相殺できないものとして取り扱われる。したがって，「税効果シート④　税効果スケジューリング表に関するワークシート」の将来加算一時差異の解消予定額には入れないことに留意する。

　上記，将来減算一時差異解消額の各項目について見てきたように福留聡株式会社は，会社分類が3の会社であり，将来解消年度が長期にわたる将来減算一時差異の取扱いを除き（本設例では退職給付引当金及び建物減価償却超過額が該当），5年超に解消される一時差異は，解消不能な一時差異とされる。「税効果シー

ト④　税効果スケジューリング表に関するワークシート」上では，解消不能な一時差異を「将来減算一時差異解消額」「(スケジューリング不能額)」欄，将来解消年度が長期にわたる将来減算一時差異を「(繰延税金資産)」「長期解消項目一時差異」欄にそれぞれ転記する。

②　回収可能額の算定

　各年度の「差引課税所得②」は「課税所得①」合計から「将来減算一時差異解消額」合計額を差し引いて算定され，例えば，令和3年9月期は128,568,045円－33,877,200円＝94,690,845円となる。プラスの場合は，「将来減算一時差異解消額」合計額は全て回収され，マイナスの場合は，繰越欠損金が発生することになる。例えば，令和3年9月期の場合，「差引課税所得②」が94,690,845円とプラスのため，令和3年9月期の将来減算一時差異解消額計33,877,200円は全額回収でき，回収可能額は，33,877,200円となる。すなわち，「課税所得①」合計と将来減算一時差異解消額計のいずれか小さい金額が回収可能額となるため，「課税所得①」合計の金額によっては，一部のみ回収可能額となり，一部が回収不能・繰越欠損金発生となるケースもある。

　繰越欠損金は，税務上の大法人（資本金1億円超）や資本金の額が5億円以上の法人による完全支配関係がある中小法人等は，平成30年4月1日以後に終了した事業年度において生じた欠損金額から「差引課税所得②」の50％の控除制限の範囲内で充当され，回収できなかった繰越欠損金は，10年間にわたり，充当できる。

　福留聡株式会社は，令和2年9月期末現在繰越欠損金残高21,991,454円あり会社分類が3の会社の場合は，税務上の繰越欠損金の繰越可能期間10年ではなく，5年以内に充当できる繰越欠損金のみ回収可能として繰延税金資産を計上でき，令和3年9月期の差引課税所得②94,690,845円の50％の47,345,422円と繰越欠損金残高21,991,454円のいずれか小さい金額が回収可能額となるため，21,991,454円全額が回収可能額となる。

第9章 回収可能性考慮後の繰延税金資産及び繰延税金負債を算定する

　税効果会計のSTEP6回収可能性考慮後の繰延税金資産及び繰延税金負債を算定することにある。

　STEP6の目的は,「税効果シート④　税効果スケジューリング表に関するワークシート」で繰延税金資産の回収可能性で検討した結果を,「税効果シート①　税効果計算に関するワークシート」に記入して最終的に財務諸表で開示される繰延税金資産及び繰延税金負債を算定することである。

　STEP3回収可能性考慮前の繰延税金資産及び繰延税金負債の算定の段階では「税効果シート①　税効果計算に関するワークシート」で,評価性引当額控除前繰延税金資産Eまで算定している（**図表9-1**）。

　次のステップとして,回収不能一時差異を「税効果シート④　税効果スケジューリング表に関するワークシート」の「（スケジューリング不能額）」を項目ごと「F：回収不能一時差異」に転記する（**図表9-2**）。

　D：将来減算一時差異の期末残高から税効果スケジューリングの結果としてのF：回収不能一時差異を控除したものが「H：評価性引当額控除後一時差異」として算出される。最終的には,「H：評価性引当額控除後一時差異」の法定実効税率である30.62％を乗じることにより「I：評価性引当額控除後繰延税金資産」が算定され,貸借対照表に計上される繰延税金資産・繰延税金負債の額が算出される。

　評価性引当金とは,繰延税金資産の算定にあたり,繰延税金資産から控除された金額であり,評価性引当金がある場合には,財務諸表に注記が必要なため,「G：評価性引当額＝F：回収不能一時差異×30.62％」で算定把握する必要がある。

　なお,前期末の繰延税金資産は,「税効果シート①　税効果計算に関するワークシート」A列,J列〜L列で税効果の仕訳をシート上で作成するための参考値として算定している。前期末は,回収不能一時差異はないものとして繰

図表9-1　税効果シート①　税効果計算に関するワークシート

会社名：	福留聡株式会社
事業年度：	令和2年9月期

項目	A：前期末残高 ＝別表五（一）期首 現在利益積立金額	B：加算 ＝別表五（一） 当期の増減の増	C：減算 ＝別表五（一） 当期の増減の減	D：期末残高 ＝別表五（一）差引翌 期首現在利益積立金額
賞与引当金	10,000,000	20,000,000	10,000,000	20,000,000
貸倒引当金（流動）	1,500,000	1,500,000	1,500,000	1,500,000
未払事業税（注1）	0	11,577,200	0	11,577,200
繰越欠損金（注2）	145,473,532		123,482,078	21,991,454
退職給付引当金	60,000,000	10,000,000	20,000,000	50,000,000
役員退職慰労引当金	8,000,000	2,000,000		10,000,000
土地減損損失	0	100,000,000	0	100,000,000
減価償却超過額（建物）	0	1,000,000		1,000,000
減価償却超過額（工具器具備品）	0	335,000		335,000
貸倒引当金（固定）	0	2,000,000	0	2,000,000
小計	224,973,532	148,412,200	154,982,078	218,403,654
その他有価証券評価差額金	(8,000,000)	(10,000,000)	(8,000,000)	(10,000,000)
合計	(8,000,000)	(10,000,000)	(8,000,000)	(10,000,000)

（注1）未払事業税の金額は，別表五（一）をもとに計算した金額又は納付税額一覧表又は事業税・都道府県民税内訳表から転記する。

（注2）繰越欠損金の金額は，別表七（一）から転記する。

（注3）前期末の数字は，前期末の開示用ではなく，当期の仕訳作成，図表2-5　税効果プルーフに関するワークシートの評価性引当額の増加額算定のために参考として作成している。

Ⅰ会計処理（令和2年9月期）

(1)　その他包括利益項目以外の税効果仕訳

①前期計上額の取崩　　法人税等調整額　　　　68,886,895　　　繰延税金資産　　　　　68,886,895

②当期分の計上　　　　繰延税金資産　　　　　35,946,174　　　法人税等調整額　　　　35,946,174

(2)　その他包括利益項目の税効果仕訳

①前期計上額の取崩　　その他有価証券評価差額金　5,550,400　　投資有価証券　　　　　8,000,000
　　　　　　　　　　　繰延税金負債　　　　　2,449,600

②当期分の計上　　　　投資有価証券　　　　　10,000,000　　　その他有価証券評価差額金　6,938,000
　　　　　　　　　　　　　　　　　　　　　　　　　　　　　　繰延税金負債　　　　　3,062,000

Ⅱ会計処理（令和2年9月期）－Ⅰの複合仕訳

(1)　その他包括利益項目以外の税効果仕訳

Ⅰ会計処理（令和2年9月期）の①＋②　　法人税等調整額　32,940,721　　繰延税金資産　　　　32,940,721

(2)　その他包括利益項目の税効果仕訳

Ⅰ会計処理（令和2年9月期）の①＋②　　投資有価証券　　2,000,000　　その他有価証券評価差額金　1,387,600
　　　　　　　　　　　　　　　　　　　　　　　　　　　　　　　　　　繰延税金負債　　　　612,400

（単位：円）

E：評価性引当額控除前繰延税金資産＝D．期末残高×30.62%	F：回収不能一時差異	G：評価性引当額＝F：回収不能一時差異×30.62%	H：評価性引当額控除後一時差異＝D＋F	I：開示ベースの繰延税金資産＝G×30.62%	
6,124,000	0	0	20,000,000	6,124,000	
459,300	0	0	1,500,000	459,300	
3,544,939	0	0	11,577,200	3,544,939	
6,733,783	0	0	21,991,454	6,733,783	
15,310,000	0	0	50,000,000	15,310,000	
3,062,000	(1,000,000)	(306,200)	9,000,000	2,755,800	
30,620,000	(100,000,000)	(30,620,000)	0	0	
306,200	0	0	1,000,000	306,200	
102,577	(9,225)	(2,825)	325,775	99,752	
612,400	0	0	2,000,000	612,400	
66,875,199	(101,009,225)	(30,929,025)	117,394,429	35,946,174	②
(3,062,000)	0	0	(10,000,000)	(3,062,000)	
(3,062,000)	0	0	(10,000,000)	(3,062,000)	④

期末将来減算一時差異合計	196,412,200
繰延税金資産	35,946,174	①
繰延税金負債	(3,062,000)	②
開示　繰延税金資産	32,884,174	③＝①＋②
法人税等調整額	32,940,721	④＝①′－①

（注3）（参考：前期末）　　　　　　　　　　　　　（単位：円）

J：前期末評価性引当額控除前繰延税金資産＝A×30.62%	K：前期末評価性引当額＝回収不能一時差異×30.62%	L：前期末の開示ベースの繰延税金資産＝J＋K	
3,062,000		3,062,000	
459,300		459,300	
0		0	
44,543,995		44,543,995	
18,372,000		18,372,000	
2,449,600		2,449,600	
0		0	
0		0	
0		0	
0		0	
68,886,895	0	68,886,895	②′
(2,449,600)		(2,449,600)	
(2,449,600)		(2,449,600)	④′

期末将来減算一時差異合計	79,500,000		
繰延税金資産	68,886,895	①′	前期末B/Sと一致確認
繰延税金負債	(2,449,600)	②′	
開示 繰延税金資産	66,437,295	③′＝①′＋②′	前期末B/Sと一致確認

延税金資産及び繰延税金負債を算定している。なお，法人税等調整額は，純資産直入されるその他有価証券評価差額に係る繰延税金負債を除いた税効果である前期末の繰延税金資産合計 68,886,895 円から当期末の繰延税金資産合計 35,946,174 円を差引した 32,940,721 円が費用として法人税等調整額として費用計上される。

　なお，「税効果シート① 税効果計算に関するワークシート」で算定した繰

図表9-2　税効果シート④　税効果

会社名：	福留聡株式会社
事業年度：	令和2年9月期

企業会計基準適用指針第26号分類3→概ね5年以内のスケジューリングの範囲内で回収可能

項目		当期末残		解消予測	
			令和3年9月期	令和4年9月期	令和5年9月期
課税所得①		実効税率	30.62%	30.62%	30.62%
	税引前当期純利益		100,000,000	100,000,000	100,000,000
	損金不算入項目（交際費）				
	損金不算入項目（寄附金）		100,000	100,000	100,000
	益金不算入項目（受取配当金）				
	退職給付引当金		10,000,000	10,000,000	10,000,000
	減価償却超過額（建物）		1,000,000	1,000,000	1,000,000
	減価償却超過額（工具器具備品）		423,445	500,127	566,610
	その他恒常的加減算項目		17,044,600		
	小計		128,568,045	111,600,127	111,666,610
	将来加算一時差異の解消予定額				
	タックスプランニング（土地売却等）　ア				
	その他調整				
	課税所得①　合計　　A		128,568,045	111,600,127	111,666,610

延税金資産合計35,946,174円とG：評価性引当額の合計30,929,025円は，「税効果シート④　税効果スケジューリング表に関するワークシート」の資産計上の税率を乗じた後の金額，資産未計上の税率を乗じた金額とそれぞれ一致するため，一致の有無を確認することでそれぞれの計算の正確性を検証できる。

スケジューリング表に関するワークシート

（単位：円）

令和6年9月期	令和7年9月期	5年超解消	記載要領
30.62%	30.62%		
100,000,000	100,000,000		経営計画数値を記載。
100,000	100,000		経営計画に織り込んでいる寄附金をもとに損金不算入額を推定し5年分記載。
10,000,000	10,000,000		経営計画に織り込んでいる退職給付費用を戻し5年分記載。
1,000,000	1,000,000		5年間の償却超過予定額を記載。
624,251			5年間の償却超過予定額を記載。
			左記は流動分の賞与引当金（法定福利費含む），事業税外形標準（税前利益から開始のため所得割除く）の合計。流動分の賞与引当金（法定福利費含む）はスケジューリング表の減算額とほぼ同額の加算と考え記載，事業税はスケジューリング表が税前利益から始まるためここは計画の外形標準課税分を加算，2期以降は流動項目は加算減算ほぼ同額と考え調整しない。
111,724,251	111,100,000		
111,724,251	111,100,000		

149

項目		当期末残	解消予測		
			令和3年 9月期	令和4年 9月期	令和5年 9月期
将来減算一時差異解消額					
賞与引当金		10,000,000	10,000,000		
貸倒引当金（流動）		1,500,000	300,000	300,000	300,000
未払事業税		11,577,200	11,577,200		
退職給付引当金		60,000,000	10,000,000	10,000,000	10,000,000
減価償却超過額（建物）		1,000,000			
減価償却超過額（工具器具備品）		335,000			
役員退職慰労引当金		10,000,000	2,000,000		
土地減損損失		100,000,000			
貸倒引当金（固定）		2,000,000		2,000,000	
計	B	196,412,200	33,877,200	12,300,000	10,300,000
回収可能額	C	84,402,975	33,877,200	12,300,000	10,300,000
回収不能・繰越欠損金発生	イ		—	—	—
差引　課税所得②	ウ		94,690,845	99,300,127	101,366,610

令和6年 9月期	令和7年 9月期	5年超解消		記載要領
		—	OK	
300,000	300,000	—	OK	
		—	OK	
10,000,000	10,000,000	10,000,000	長期項目	長期解消項目。会社負担年金掛金拠出額と一時金支払額の合計，分類3の場合，年金掛金拠出額は5年間の拠出予定額，一時金支払額は定年支給予定額を5年間分記載，企業会計基準適用指針第26号102項に従い，（分類3）に該当する企業において，将来の合理的な見積可能期間（概ね5年）を超えた期間における解消見込年度が長期にわたる将来減算一時差異の取扱いについては，当該取扱いが検討された過去の経緯を踏まえ，監査委員会報告第66号における取扱いを踏襲し，5年間のスケジューリングを行った上で，その期間を超えた年度であっても最終解消年度までに解消されると見込まれる退職給付引当金は回収可能。
		1,000,000	長期項目	長期解消項目。企業会計基準適用指針第26号102項に従い，（分類3）に該当する企業において，将来の合理的な見積可能期間（概ね5年）を超えた期間における解消見込年度が長期にわたる将来減算一時差異の取扱いについては，当該取扱いが検討された過去の経緯を踏まえ，監査委員会報告第66号における取扱いを踏襲し，建物の減価償却の償却超過額は，5年間のスケジューリングを行った上で，その期間を超えた年度であっても最終解消年度までに解消されると見込まれるは回収可能。
	325,775	9,225	スケジューリング不能	スケジューリングを行い，解消年度に記入する。
6,000,000	1,000,000	1,000,000	スケジューリング不能	内規に従った解消年度に記入する。企業会計基準適用指針第26号106項に従い，役員退職慰労引当金に係る将来減算一時差異については，スケジューリングの結果に基づいて繰延税金資産の回収可能性を判断するものであり，退職給付引当金や建物の減価償却超過額のように将来解消見込年度が長期となる将来減算一時差異には該当しない。
		100,000,000	スケジューリング不能	売却計画経たない限りスケジューリング不能。
		—	OK	固定貸倒引当金は返済予定表あれば返済スケジュールに従い入力する。
16,300,000	11,625,775			
16,300,000	11,625,775			年度ごとに 一時差異解消予定額（B）が課税所得（A）以下の場合はBの金額。 一時差異解消予定額（B）が課税所得（A）以上の場合はAの金額。
—	—			
95,424,251	99,474,225			A＞Cの場合のみ，課税所得（A）－回収可能額（C）を記入

項目		当期末残	解消予測		
			令和3年 9月期	令和4年 9月期	令和5年 9月期
（スケジューリング不能額）　エ 減価償却超過額（工具器具 備品）		9,225			
役員退職慰労引当金		1,000,000			
土地減損損失		100,000,000			
計　　　　　　　　　　D		101,009,225			
繰越欠損金　　　　　　オ					
当期末残		21,991,454	—	—	—
令和3年9月期			—	—	—
令和4年9月期					
令和5年9月期					
令和6年9月期					
令和7年9月期					
未回収残高　　　　　　E		21,991,454	—	—	—
回収可能額　　　　　　F		21,991,454	21,991,454	—	—
回収不能額　　　　　　G					
（繰延税金資産）					
資産計上	回収可能額	106,394,429	（＝C＋F）		
	長期解消項目一時差異　カ	11,000,000			
	回収可能額　合計	117,394,429	（＝B－D＋E）		
	税率	30.62%	（繰延税金負債考慮前）		
	金額	35,946,174			
資産未計上	回収不能額	101,009,225	（＝D＋G）		
	税率	30.62%			
	金額	30,929,025	（評価性引当額と一致）		

令和6年9月期	令和7年9月期	5年超解消	記載要領
			分類3の場合，5年内の減算認容が見込まれないものがあれば，記載
			分類3の場合，5年内の減算認容が見込まれないものがあれば，記載
			分類3の場合，5年内の減算認容が見込まれないものがあれば，記載
―	―		上記課税所得の発生している年度に充当をしていく。大法人は，平成30年4月1日以後に終了した事業年度において生じた欠損金額からウ差引　課税所得②の50%の控除制限がある。
―	―		上記課税所得の発生している年度に充当をしていく。大法人は，平成30年4月1日以後に終了した事業年度において生じた欠損金額からウ差引　課税所得②の50%の控除制限がある。
―	―		
―	―		充当できた金額を記入していく（1番左はその合計が記載される）。大法人は，平成30年4月1日以後に終了した事業年度において生じた欠損金額からウ差引　課税所得②の50%の控除制限がある。
			分類3の場合，上記で退職給付引当金及び建物減価償却超過額は，5年間のスケジューリングを行い，回収可能な場合のみ5年超分を回収可能として記載する。

会社名：	福留聡株式会社
事業年度：	令和2年9月期

(注3)

項目	A：前期末残高 ＝別表五（一）期首現在 利益積立金額	J：前期末評価性引当額 控除前繰延税金資産 ＝A×30.62%
賞与引当金	10,000,000	3,564,000
貸倒引当金（流動）	1,500,000	534,600
未払事業税（注1）	0	0
繰越欠損金（注2）	145,473,532	51,846,767
小計	156,973,532	55,945,367
退職給付引当金	60,000,000	21,384,000
役員退職慰労引当金	8,000,000	2,851,200
土地減損損失	0	0
減価償却超過額（建物）	0	0
減価償却超過額（工具器具備品）	0	0
貸倒引当金（固定）	0	0
小計	68,000,000	24,235,200
合計	224,973,532	80,180,567
その他有価証券評価差額金	(8,000,000)	(2,851,200)
合計	(8,000,000)	(2,851,200)

効果計算に関するワークシート

（単位：円）

K：前期末評価性引当額 ＝回収不能一時差異×30.62%	L：前期末の開示ベースの繰延税金資産 ＝J＋K	
	3,564,000	
	534,600	
	0	
	51,846,767	
0	55,945,367	①′
	21,384,000	
	2,851,200	
	0	
	0	
	0	
	0	
0	24,235,200	②′
0	80,180,567	
	(2,851,200)	
	(2,851,200)	④′

期末将来減算一時差異合計	28,333,800		
（流動）繰延税金資産	55,945,367	①′	前期末B/Sと一致確認
（固定）繰延税金資産	24,235,200	②′	
繰延税金資産合計	80,180,567	③′＝①′＋②′	
（固定）繰延税金負債	(2,851,200)	④′	
開示　（固定）繰延税金資産	21,384,000	⑤′＝②′＋④′	前期末B/Sと一致確認

第10章 税金費用のプルーフテストを行い，税金費用の妥当性を検証する

　税効果会計の最終ステップである **STEP7** は，税金費用のプルーフテストを行い，税金費用の妥当性を検証することである。この税効果プルーフにより，法人税申告書及び地方税申告書で算定した法人税，住民税及び事業税と税効果会計で算定した法人税等調整額の算定の適切性を検証できる。

　税金費用（＝法人税，住民税及び事業税＋法人税等調整額）は，下記算式で算定される。

　税金費用＝税引前当期純利益×法定実効税率

　なお，一時差異は，課税所得を増減させ，法人税，住民税及び事業税を増加又は減少させる一方，税効果会計により繰延税金資産及び繰延税金負債を計上する結果法人税等調整額を減少又は増加させるため，評価性引当金を計上しない限り税金費用合計（＝法人税，住民税及び事業税＋法人税等調整額）には影響しない。

　上記は，例えば，第1章の設例のように，税引前当期純利益100，賞与引当金否認100の場合，課税所得は税引前当期純利益100及び賞与引当金否認100の合計で200のため，法定実効税率40％とすると，法人税，住民税及び事業税は＝200×40％＝80となる。法人税等調整額は，賞与引当金否認100に税効果会計を適用すると，法人税等調整額＝100×40％＝40（貸方）となる。その結果，税金費用合計（＝法人税，住民税及び事業税＋法人税等調整額）は80－40＝40となり，一時差異は，税金費用合計（＝40＝税引前当期純利益100×法定実効税率40％）に影響を与えていないことがわかる。

　すなわち，上記算式を満たさない，永久差異項目，当期に採用している法定実効税率と異なる税率を用いて繰延税金資産や繰延税金負債，税額等を算定している金額（繰延税金資産や繰延税金負債の算定で解消される期間により異なる複数税率，所在地により適用される税率が異なる場合に本社所在地の税率を採用している場合，軽減税率，同族会社の特別税率等），課税標準に税率を乗じて算定された税額

図表10-1　税効果シート⑤　税効果プルーフに関するワークシート

会社名：	福留聡株式会社
事業年度：	令和2年9月期

税引前当期純利益				P/L	132,955,400
永久差異					
寄附金				別表四	129,157
計					133,084,557
					↓×30.62%
					40,750,491
住民税均等割額				納税一覧表	290,000
計					41,040,491
評価性引当額の増加額	前期	0	シート①		30,929,025
	当期	30,929,025	シート①		
計（期待値）					71,969,516
計上額					
法人税，住民税及び事業税				P/L	39,400,200
法人税等調整額				P/L	32,940,721
計					72,340,921
差異					371,405
差異率					0.5%
判定					○重要な差異なし

に別途追加して課税される税額（住民税均等割額等）や控除される税額（租税特別措置法上の税額控除，控除対象外外国法人税，控除対象外所得税等），一時差異ではあるが，税効果をとらないことで，税金費用を増加させる評価性引当額の増加額等が税率差異の対象になる。

　したがって，税金費用は，下記算式でも算定することができ，下記の項目が，税率差異が生じる要因の項目になる。

　税金費用＝（税引前当期純利益＋（−）永久差異）×法定実効税率＋住民税均等割額＋評価性引当額の増加額＋（−）適用税率の差異−税額控除

			税率差異の開示
		(単位：円)	
法定実効税率		30.62%	30.6%　法定実効税率
×30.62%	39,548	0.03%	0.0%　寄附金等永久に損金に算入されない項目
×100%＝	290,000	0.22%	0.2%　住民税均等割等
×100%＝	30,929,025	23.26%	23.3%　評価性引当額の増加
その他		0.28%	0.3%　その他
		54.41%	54.4%　税効果会計適用後の法人税等の負担率

　なお，本設例で，税率差異に影響を与える項目は，永久差異（寄附金），住民税均等割額，評価性引当額の増加額，＋（－）適用税率の差異となる。

　本設例における「税効果シート⑤　税効果プルーフに関するワークシート」を参照いただきたい（**図表10-1**）。

　「税効果シート⑤　税効果プルーフに関するワークシート」の入力数値と税率差異項目について解説する。

（ⅰ）税引前当期純利益

最終損益計算書上の税引前当期純利益132,955,400円とする（**図表10-2**）。

図表10-2　最終損益計算書

自　令和1年10月1日～至　令和2年9月30日

福留聡株式会社　　　　　　　　　　　　　　　　（単位：　円）

科目	金額
売上高	1,000,000,000
売上原価	560,000,000
売上総利益	440,000,000
販売費及び一般管理費	207,044,600
営業利益	232,955,400
経常利益	232,955,400
特別損失	100,000,000
減損損失	100,000,000
税引前当期純利益	132,955,400
法人税，住民税及び事業税	39,400,200
法人税等調整額	32,940,721
当期純利益	60,614,479

（ⅱ）永久差異

　別表四で社外流出の項目を転記する。代表的な項目としては，交際費，寄附金，受取配当金があり本設例では寄附金のみがある。

　交際費や寄附金等永久に損金に算入されない項目は，税引前当期純利益に加算され，税引前所得より課税所得が大きくなるが，一時差異でないので税効果会計が適用されないため，法人税等調整額が計上されず，法人税等の負担率が法定実効税率より大きくなる要因となるため，税率差異調整の加算要因となる。

　なお，法人税等の負担率とは，法人税，住民税及び事業税を控除する前の当期純利益に対する税金費用（＝法人税，住民税及び事業税＋法人税等調整額）の比率のことをいう。

　福留聡株式会社は，上記項目のうち，寄附金があり，寄附金は，別表四の寄附金の損金不算入額の金額129,157円を転記する（**図表10-3**）。税率差異に与える影響は，別表四で加算される129,157円分課税所得が増加するため，これに実効税率30.62％を乗じて算定した39,548円が税率差異に与える影響額とな

所得の金額の計算に関する明細書（簡易様式）		事業年度	令和1・10・1 令和2・9・30	法人名	福留聡株式会社	別表四（簡易様式）平三十一・四・一以後終了事業年度分

区　　分		総　　額	処　　　　　分		
			留　　保	社外流出	
		①	②	③	
当期利益又は当期欠損の額	1	60,614,479 円	50,614,479 円	配　当	10,000,000 円
				その他	
加算	損金経理をした法人税及び地方法人税（附帯税を除く。）	2				
	損金経理をした道府県民税及び市町村民税	3	145,000	145,000		
	損金経理をした納税充当金	4	46,299,800	46,299,800		
	損金経理をした附帯税（利子税を除く。），加算金，延滞金（延納分を除く。）及び過怠税	5			その他	
	減価償却の償却超過額	6	1,335,000	1,335,000		
	役員給与の損金不算入額	7			その他	
	交際費等の損金不算入額	8			その他	
	貸倒引当金限度超過	9	3,500,000	3,500,000		
	次　葉　紙　合　計	10	164,940,721	164,940,721		
	小　　　計	11	216,220,521	216,220,521		
減算	減価償却超過額の当期認容額	12				
	納税充当金から支出した事業税等の金額	13				
	受取配当等の益金不算入額（別表八（一）「13」又は「26」）	14			※	
	外国子会社から受ける剰余金の配当等の益金不算入額（別表八（二）「26」）	15			※	
	受贈益の益金不算入額	16			※	
	適格現物分配に係る益金不算入額	17			※	
	法人税等の中間納付額及び過誤納に係る還付金額	18				
	所得税額等及び欠損金の繰戻しによる還付金額等	19			※	
	次　葉　紙　合　計	20	30,000,000	30,000,000		
	小　　　計	21	30,000,000	30,000,000	外 ※	
仮　　計 (1)+(11)−(21)	22	246,835,000	236,835,000	外 ※	10,000,000
関連者等に係る支払利子等の損金不算入額（別表十七（二の二）「24」又は「29」）	23			その他	
超過利子額の損金算入額（別表十七（二の三）「10」）	24	△		※	△
仮　　計 (22)から(24)までの計	25	246,835,000	236,835,000	外 ※	10,000,000
寄附金の損金不算入額（別表十四（二）「24」又は「40」）	27	129,157		その他	129,157
法人税額から控除される所得税額（別表六（一）「6の③」）	29			その他	
税額控除の対象となる外国法人税の額（別表六（二の二）「7」）	30			その他	
分配時調整外国税相当額及び外国関係会社等に係る控除対象所得税額等相当額（別表六（五の二）「5の②」＋別表十七（三の六）「1」）	31			その他	
合　　計 (25)+(27)+(29)+(30)+(31)	34	246,964,157	236,835,000	外 ※	10,129,157
契約者配当の益金算入額（別表九（一）「13」）	35				
中間申告における繰戻しによる還付に係る災害損失欠損金額の益金算入額	37			※	
非適格合併又は残余財産の全部分配等による移転資産等の譲渡利益額又は譲渡損失額	38			※	
差　引　計 (34)+(35)+(37)+(38)	39	246,964,157	236,835,000	外 ※	10,129,157
欠損金又は災害損失金等の当期控除額（別表七（一）「4の計」＋（別表七（二）「9」若しくは「21」又は別表七（三）「10」）	40	△ 123,482,078		※	△ 123,482,078
総　　計 (39)+(40)	41	123,482,079	236,835,000	外 ※	△ 123,482,078 10,129,157
新鉱床探鉱費又は海外新鉱床探鉱費の特別控除額（別表十（三）「43」）	42	△		※	△
残余財産の確定の日の属する事業年度に係る事業税の損金算入額	46	△	△		
所得金額又は欠損金額	47	123,482,079	236,835,000	外 ※	△ 123,482,078 10,129,157

161

る。

　税率差異に与える影響では，寄附金は，令和2年9月期の法定実効税率30.62％を乗じて算定される税金費用に影響を与える金額129,157円の税引前当期純利益132,955,400円に与える影響を％表示で表示すると0.03％となる。

　（iii）住民税均等割額

　住民税均等割は，税引前当期純利益の金額に関係なく課税され，法人税，住民税及び事業税に含めて計上されるため，法人税等の負担率が法定実効税率より大きくなる要因となるため，税率差異調整の加算要因となる。

　納付税額一覧表の年税額の都道府県民税の均等割額に市町村民税の均等割額を加算した金額を転記する。または，事業税・都道府県民税内訳表の均等割額の年税額合計と市町村民税内訳表の均等割額の年税額合計を加算して算定した金額でも算定できる。なお，本設例では，東京都23区の本社しか事業所がないため，第六号様式の項目17均等割額，第六号様式別表四の三の均等割額の計算の⑧納付すべき均等割額からも数字を拾える。

　本設例では，道府県民税の均等割額290,000円を「税効果シート⑤　税効果プルーフに関するワークシート」に転記する。

　税率差異に与える影響では，住民税均等割額は100％税金費用に影響を与えるため，法定実効税率を乗じる必要なく，住民税均等割額290,000円の税引前当期純利益132,955,400円に与える影響を％表示で表示すると0.22％となる。

　（iv）評価性引当額の増加額

　評価性引当額の増加額を仕訳で表すと下記のとおりになる。

　　　（借方）法人税等調整額　　　　（貸方）繰延税金資産

　すなわち，評価性引当額の増加は，税金費用が増加することになり，法人税等の負担率が法定実効税率より大きくなる要因となる。評価性引当額は税効果ベースの金額であるため，100％税金費用に影響を与える。したがって，法定実効税率を乗じる必要なく，評価性引当額の増加額30,929,025円の税引前当期純利益132,955,400円に与える影響を％表示で表示すると23.26％となる。

　当期末の評価制引当金は「税効果シート①　税効果計算に関するワークシー

ト」の「G：評価性引当額＝F：回収不能一時差異×30.62％」の合計の数字30,929,025円を転記する（**図表10-4**）。

　前期末の評価制引当金は「税効果シート①　税効果計算に関するワークシート」の「K：前期末評価性引当額＝回収不能一時差異×30.62％」の合計の数字0円を転記する。

　以上を踏まえ，福留聡株式会社の税金費用の妥当性を金額ベースで検証すると税金費用は下記算式で算定できる。

> 税金費用＝（税引前当期純利益＋寄附金の損金不算入額）×法定実効税率（30.62％）＋住民税均等割額＋評価性引当額の増加額

　税金費用（推定値）＝（税引前当期純利益132,955,400円＋寄附金の損金不算入額129,157円）×法定実効税率（30.62％）＋住民税均等割額（290,000円）＋評価性引当額の増加額（30,929,025円＝30,929,025円－0円）＝71,969,516円

　税金費用（推定値）の計算の結果，「計（期待値）」の欄が71,969,516円となり，損益計算書計上額である法人税，住民税及び事業税39,400,200円と法人税等調整額32,940,721円の合計72,340,921円との差異は371,405円となり，差異率0.5％と僅少のため，法人税申告書及び地方税申告書で算定した法人税，住民税及び事業税と税効果会計で算定した法人税等調整額の算定は概ね適切であるということが検証されたことになる（**図表10-5**）。

図表10-4　税効果シート①　税効果計算に関するワークシート

会社名：	福留聡株式会社
事業年度：	令和2年9月期

項目	A：前期末残高 ＝別表五（一）期首 現在利益積立金額	B：加算 ＝別表五（一） 当期の増減の増	C：減算 ＝別表五（一） 当期の増減の減	D：期末残高 ＝別表五（一）差引翌 期首現在利益積立金額
賞与引当金	10,000,000	20,000,000	10,000,000	20,000,000
貸倒引当金（流動）	1,500,000	1,500,000	1,500,000	1,500,000
未払事業税（注1）	0	11,577,200	0	11,577,200
繰越欠損金（注2）	145,473,532		123,482,078	21,991,454
退職給付引当金	60,000,000	10,000,000	20,000,000	50,000,000
役員退職慰労引当金	8,000,000	2,000,000		10,000,000
土地減損損失	0	100,000,000	0	100,000,000
減価償却超過額（建物）	0	1,000,000		1,000,000
減価償却超過額（工具器具備品）	0	335,000		335,000
貸倒引当金（固定）	0	2,000,000	0	2,000,000
小計	224,973,532	148,412,200	154,982,078	218,403,654
その他有価証券評価差額金	(8,000,000)	(10,000,000)	(8,000,000)	(10,000,000)
合計	(8,000,000)	(10,000,000)	(8,000,000)	(10,000,000)

(注1) 未払事業税の金額は，別表五（一）をもとに計算した金額又は納付税額一覧表又は事業税・都道府県民税内訳
表から転記する。
(注2) 繰越欠損金の金額は，別表七（一）から転記する。
(注3) 前期末の数字は，前期末の開示用ではなく，当期の仕訳作成，図表2-5　税効果プルーフに関するワークシート
の評価性引当額の増加額算定のために参考として作成している。

Ⅰ会計処理（令和2年9月期）

(1) その他包括利益項目以外の税効果仕訳

①前期計上額の取崩　　法人税等調整額　　　68,886,895　　　繰延税金資産　　　　68,886,895

②当期分の計上　　　　繰延税金資産　　　　35,946,174　　　法人税等調整額　　　35,946,174

(2) その他包括利益項目の税効果仕訳

①前期計上額の取崩　　その他有価証券評価差額金　5,550,400　　　投資有価証券　　　　8,000,000
　　　　　　　　　　　繰延税金負債　　　　2,449,600

②当期分の計上　　　　投資有価証券　　　　10,000,000　　　その他有価証券評価差額金　6,938,000
　　　　　　　　　　　　　　　　　　　　　　　　　　　　　繰延税金負債　　　　3,062,000

Ⅱ会計処理（令和2年9月期）－Ⅰの複合仕訳

(1) その他包括利益項目以外の税効果仕訳

Ⅰ会計処理（令和2年9月期）の①＋②　法人税等調整額　32,940,721　　　繰延税金資産　　　　32,940,721

(2) その他包括利益項目の税効果仕訳

Ⅰ会計処理（令和2年9月期）の①＋②　投資有価証券　　2,000,000　　　その他有価証券評価差額金　1,387,600
　　　　　　　　　　　　　　　　　　　　　　　　　　　　　　　　　　繰延税金負債　　　　612,400

（単位：円）

E：評価性引当額控除前繰延税金資産 ＝D．期末残高×30.62%	F：回収不能一時差異	G：評価性引当額 ＝F：回収不能一時差異×30.62%	H：評価性引当額控除後一時差異＝ D＋F	I：開示ベースの繰延税金資産 ＝G×30.62%	
6,124,000	0	0	20,000,000	6,124,000	
459,300	0	0	1,500,000	459,300	
3,544,939	0	0	11,577,200	3,544,939	
6,733,783	0	0	21,991,454	6,733,783	
15,310,000	0	0	50,000,000	15,310,000	
3,062,000	(1,000,000)	(306,200)	9,000,000	2,755,800	
30,620,000	(100,000,000)	(30,620,000)	0	0	
306,200	0	0	1,000,000	306,200	
102,577	(9,225)	(2,825)	325,775	99,752	
612,400	0	0	2,000,000	612,400	
66,875,199	(101,009,225)	(30,929,025)	117,394,429	35,946,174	②
(3,062,000)	0	0	(10,000,000)	(3,062,000)	
(3,062,000)	0	0	(10,000,000)	(3,062,000)	④

期末将来減算一時差異合計	196,412,200	
繰延税金資産	35,946,174	①
繰延税金負債	(3,062,000)	②
開示　繰延税金資産	32,884,174	③＝①＋②
法人税等調整額	32,940,721	④＝①′－①

（注3）（参考：前期末）　　　　　　　　　　　（単位：円）

J：前期末評価性引当額控除前繰延税金資産 ＝A×30.62%	K：前期末評価性引当額 ＝回収不能一時差異×30.62%	L：前期末の開示ベースの繰延税金資産＝J＋K	
3,062,000		3,062,000	
459,300		459,300	
0		0	
44,543,995		44,543,995	
18,372,000		18,372,000	
2,449,600		2,449,600	
0		0	
0		0	
0		0	
0		0	
68,886,895	0	68,886,895	②′
(2,449,600)		(2,449,600)	
(2,449,600)		(2,449,600)	④′

期末将来減算一時差異合計	79,500,000		
繰延税金資産	68,886,895	①′	前期末B/Sと一致確認
繰延税金負債	(2,449,600)	②′	
開示　繰延税金資産	66,437,295	③′＝①′＋②′	前期末B/Sと一致確認

図表10-5 税効果シート⑤ 税効果プルーフに関するワークシート

会社名：	福留聡株式会社
事業年度：	令和2年9月期

税引前当期純利益				P/L	132,955,400
永久差異					
寄附金				別表四	129,157
計					133,084,557
					↓×30.62%
					40,750,491
住民税均等割額				納税一覧表	290,000
計					41,040,491
評価性引当額の増加額	前期	0	シート①		30,929,025
	当期	30,929,025	シート①		
計（期待値）					71,969,516
計上額					
法人税，住民税及び事業税				P/L	39,400,200
法人税等調整額				P/L	32,940,721
計					72,340,921
差異					371,405
差異率					0.5%
判定					○重要な差異なし

（単位：円）　税率差異の開示

法定実効税率		30.62%	30.6%	法定実効税率
×30.62%	39,548	0.03%	0.0%	寄附金等永久に損金に算入されない項目
×100%＝	290,000	0.22%	0.2%	住民税均等割等
×100%＝	30,929,025	23.26%	23.3%	評価性引当額の増加
その他		0.28%	0.3%	その他
		54.41%	54.4%	税効果会計適用後の法人税等の負担率

第11章

税効果会計に係る仕訳と財務諸表における表示

（1） 税効果会計に係る仕訳

　STEP1〜STEP7の作業により得られた回収可能性考慮後の繰延税金資産及び繰延税金資産の金額をもとに，当期末の繰延税金資産及び繰延税金負債を計上するとともに，前期末の繰延税金資産及び繰延税金負債を取崩す仕訳を「税効果シート①　税効果計算に関するワークシート」を用いて仕訳を行う（**図表11-1**）。なお，Ⅰ会計処理（令和2年9月期）は洗替処理した場合の仕訳で，Ⅱ会計処理（令和2年9月期）はⅠ会計処理（令和2年9月期）の①前期計上額の取崩と②当期分の計上の仕訳の複合仕訳である。

　洗替処理した場合のその他包括利益項目以外の税効果仕訳は下記のとおりとなる。

①　前期末計上額の取崩

　　（借方）法人税等調整額　　　　（貸方）繰延税金資産

②　当期末分の計上

　　（借方）繰延税金資産　　　　　（貸方）法人税等調整額

　洗替処理した場合のその他有価証券評価差額金の税効果仕訳は下記のとおりとなる。

①　前期末計上額の取崩

　　（借方）その他有価証券評価差額金　　　　（貸方）投資有価証券

　　（借方）繰延税金負債

②　当期末分の計上

　　（借方）投資有価証券　　　　（貸方）その他有価証券評価差額金

　　　　　　　　　　　　　　　　（貸方）繰延税金負債

Ⅱ会計処理（令和2年9月期）−Ⅰの複合仕訳は下記のとおりとなる。

・その他包括利益項目以外の税効果仕訳

　　繰延税金資産又は繰延税金負債は当期末と前期末の差額として算定される

図表11-1　税効果シート①　税効果計算に関するワークシート

	会社名：	福留聡株式会社
	事業年度：	令和2年9月期

項目	A：前期末残高 ＝別表五（一）期首 現在利益積立金額	B：加算 ＝別表五（一） 当期の増減の増	C：減算 ＝別表五（一） 当期の増減の減	D：期末残高 ＝別表五（一）差引翌 期首現在利益積立金額
賞与引当金	10,000,000	20,000,000	10,000,000	20,000,000
貸倒引当金（流動）	1,500,000	1,500,000	1,500,000	1,500,000
未払事業税（注1）	0	11,577,200	0	11,577,200
繰越欠損金（注2）	145,473,532		123,482,078	21,991,454
退職給付引当金	60,000,000	10,000,000	20,000,000	50,000,000
役員退職慰労引当金	8,000,000	2,000,000		10,000,000
土地減損損失	0	100,000,000	0	100,000,000
減価償却超過額（建物）	0	1,000,000		1,000,000
減価償却超過額（工具器具備品）	0	335,000		335,000
貸倒引当金（固定）	0	2,000,000	0	2,000,000
小計	224,973,532	148,412,200	154,982,078	218,403,654
その他有価証券評価差額金	(8,000,000)	(10,000,000)	(8,000,000)	(10,000,000)
合計	(8,000,000)	(10,000,000)	(8,000,000)	(10,000,000)

(注1) 未払事業税の金額は，別表五（一）をもとに計算した金額又は納付税額一覧表又は事業税・都道府県民税内訳
　　　 表から転記する。
(注2) 繰越欠損金の金額は，別表七（一）から転記する。
(注3) 前期末の数字は，前期末の開示用ではなく，当期の仕訳作成，図表2-5　税効果プルーフに関するワークシート
　　　 の評価性引当額の増加額算定のために参考として作成している。

Ⅰ会計処理（令和2年9月期）

(1) その他包括利益項目以外の税効果仕訳

①前期計上額の取崩　　法人税等調整額　　　　68,886,895　　　繰延税金資産　　　　　68,886,895

②当期分の計上　　　　繰延税金資産　　　　　35,946,174　　　法人税等調整額　　　　35,946,174

(2) その他包括利益項目の税効果仕訳

①前期計上額の取崩　　その他有価証券評価差額金　5,550,400　　投資有価証券　　　　　8,000,000
　　　　　　　　　　　繰延税金負債　　　　　2,449,600
②当期分の計上　　　　投資有価証券　　　　10,000,000　　　その他有価証券評価差額金　6,938,000
　　　　　　　　　　　　　　　　　　　　　　　　　　　　　繰延税金負債　　　　　3,062,000

Ⅱ会計処理（令和2年9月期）－Ⅰの複合仕訳

(1) その他包括利益項目以外の税効果仕訳

Ⅰ会計処理（令和2年9月期）の①＋②　　法人税等調整額　32,940,721　　繰延税金資産　　　　32,940,721

(2) その他包括利益項目の税効果仕訳

Ⅰ会計処理（令和2年9月期）の①＋②　　投資有価証券　2,000,000　　その他有価証券評価差額金　1,387,600
　　　　　　　　　　　　　　　　　　　　　　　　　　　　　　　繰延税金負債　　　　　　612,400

（単位：円）

E：評価性引当額控除前繰延税金資産 ＝D. 期末残高×30.62%	F：回収不能一時差異	G：評価性引当額 ＝F：回収不能一時差異×30.62%	H：評価性引当額控除後一時差異＝ D＋F	I：開示ベースの繰延税金資産 ＝G×30.62%	
6,124,000	0	0	20,000,000	6,124,000	
459,300	0	0	1,500,000	459,300	
3,544,939	0	0	11,577,200	3,544,939	
6,733,783	0	0	21,991,454	6,733,783	
15,310,000	0	0	50,000,000	15,310,000	
3,062,000	(1,000,000)	(306,200)	9,000,000	2,755,800	
30,620,000	(100,000,000)	(30,620,000)	0	0	
306,200	0	0	1,000,000	306,200	
102,577	(9,225)	(2,825)	325,775	99,752	
612,400	0	0	2,000,000	612,400	
66,875,199	(101,009,225)	(30,929,025)	117,394,429	35,946,174	②
(3,062,000)	0	0	(10,000,000)	(3,062,000)	
(3,062,000)	0	0	(10,000,000)	(3,062,000)	④

期末将来減算一時差異合計	196,412,200	
繰延税金資産	35,946,174	①
繰延税金負債	(3,062,000)	②
開示　繰延税金資産	32,884,174	③＝①＋②
法人税等調整額	32,940,721	④＝①′－①

（注3）　（参考：前期末）　　　　　　　　　　　　（単位：円）

J：前期末評価性引当額控除前繰延税金資産 ＝A×30.62%	K：前期末評価性引当額 ＝回収不能一時差異×30.62%	L：前期末の開示ベースの繰延税金資産＝J＋K	
3,062,000		3,062,000	
459,300		459,300	
0		0	
44,543,995		44,543,995	
18,372,000		18,372,000	
2,449,600		2,449,600	
0		0	
0		0	
0		0	
0		0	
68,886,895	0	68,886,895	②′
(2,449,600)		(2,449,600)	
(2,449,600)		(2,449,600)	④′

期末将来減算一時差異合計	79,500,000		
繰延税金資産	68,886,895	①′	前期末B/Sと一致確認
繰延税金負債	(2,449,600)	②′	
開示　繰延税金資産	66,437,295	③′＝①′＋②′	前期末B/Sと一致確認

（繰延税金資産①35,946,174円−①'68,886,895円＝−32,940,721円）。法人税等調整額として繰延税金資産合計の差額として算定される（④＝①'68,886,895円−① 35,946,174円＝32,940,721円）

・その他包括利益の税効果仕訳

　　繰延税金負債は有価証券評価差額金に係る繰延税金負債の当期末と前期末の差額として算定される（②(3,062,000円)−②'(2,449,600円)＝−612,400円（貸方）。投資有価証券が「その他有価証券評価差額金」欄の当期末と前期末の差額として算定される（10,000,000円−8,000,000円＝2,000,000円（資産の増加：評価益全体が8,000,000円から10,00,000円に増加）。

　　差額としてその他有価証券評価差額金が計上される（6,938,000円−5,550,400円）＝1,387,600円（貸方：純資産のプラス）

（2）　税効果会計に係る財務諸表における表示

①　繰延税金資産及び繰延税金負債等の表示方法

　税効果会計に係る会計基準の一部改正によると，繰延税金資産は，投資その他の資産に区分表示し，繰延税金負債は固定負債の区分に表示する。

　税効果会計に係る会計基準の一部改正によると，同一納税主体の繰延税金資産と繰延税金負債双方を相殺して表示する。

　本設例では，令和２年９月期は，繰延税金資産35,946,174円と繰延税金負債3,062,000円があるため，相殺表示して投資その他の資産に繰延税金資産32,884,174円として表示する。

　最終的な繰延税金資産及び繰延税金負債の開示は下記の最終貸借対照表を参照いただきたい（**図表11-2**）。

図表11-2　最終貸借対照表

令和2年9月30日現在
福留聡株式会社 (単位：　円)

科目	金額	科目	金額
流動資産	382,113,105	流動負債	246,444,800
現金及び預金	83,613,105	買掛金	100,145,000
売掛金	300,000,000	未払金	60,000,000
貸倒引当金	△1,500,000	賞与引当金	20,000,000
		未払法人税等	46,299,800
		未払消費税等	20,000,000
固定資産	581,884,174	固定負債	60,000,000
有形固定資産	449,000,000	退職給付引当金	50,000,000
建物	195,000,000	役員退職慰労引当金	10,000,000
工具器具備品	4,000,000		
土地	250,000,000	負債合計	306,444,800
		株主資本	650,614,479
		資本金	500,000,000
		利益剰余金	150,614,479
		利益準備金	20,000,000
		その他利益剰余金	130,614,479
投資その他の資産	132,884,174	別途積立金	10,000,000
投資有価証券	100,000,000	繰越利益剰余金	120,614,479
繰延税金資産	32,884,174	評価・換算差額等	6,938,000
破産更生債権等	2,000,000	その他有価証券評価差額金	6,938,000
貸倒引当金	△2,000,000	純資産合計	657,552,479
資産合計	963,997,279	負債及び純資産合計	963,997,279

③　法人税等調整額の表示方法

　税効果会計に係る会計基準三　繰延税金資産及び繰延税金負債等の表示方法
3項により，当期の法人税等として納付すべき額及び法人税等調整額は，法人
税等を控除する前の当期純利益から控除する形式により，それぞれ区分して表
示される。

　最終的な法人税等調整額の開示は下記の最終損益計算書を参照いただきたい

（図表11-3）。

図表11-3　最終損益計算書

自　令和1年10月1日～至　令和2年9月30日

福留聡株式会社 （単位：　円）

科目	金額
売上高	1,000,000,000
売上原価	560,000,000
売上総利益	440,000,000
販売費及び一般管理費	207,044,600
営業利益	232,955,400
経常利益	232,955,400
特別損失	100,000,000
減損損失	100,000,000
税引前当期純利益	132,955,400
法人税，住民税及び事業税	39,400,200
法人税等調整額	32,940,721
当期純利益	60,614,479

第12章 税効果会計に係る注記の作成方法

税効果会計に係る会計基準及び税効果会計に係る会計基準の一部改正によると，税効果会計の注記事項は，下記のとおりとなる。

① 繰延税金資産及び繰延税金負債の発生原因別の主な内訳

なお，繰延税金資産の発生原因別の主な内訳を注記するにあたっては，繰延税金資産から控除された額（評価性引当額）を併せて記載する。繰延税金資産の発生原因別の主な内訳として税務上の繰越欠損金を記載している場合であって，当該税務上の繰越欠損金が重要であるときは，繰延税金資産から控除された額（評価性引当額）は，税務上の繰越欠損金に係る評価性引当額と将来減算一時差異の合計に係る評価性引当額に区分して記載する。また，繰延税金資産の発生原因別の主な内訳として税務上の繰越欠損金を記載している場合であって，当該税務上の繰越欠損金の額が重要であるときは，下記事項を記載する。

(1) 繰越期限別の税務上の繰越欠損金に係る次の金額

❶ 税務上の繰越欠損金の額に法定実効税率を乗じた金額

❷ 税務上の繰越欠損金に係る繰延税金資産から控除された額（評価性引当額）

❸ 税務上の繰越欠損金に係る繰延税金資産の額

(2) 税務上の繰越欠損金に係る重要な繰延税金資産を計上している場合，当該繰延税金資産を回収可能と判断した主な理由

② 税引前当期純利益又は税金等調整前当期純利益に対する法人税等（法人税等調整額を含む）の比率と法定実効税率との間に重要な差異があるときは，当該差異の原因となった主要な項目別の内訳

③ 税率の変更により繰延税金資産及び繰延税金負債の金額が修正されたときは，その旨及び修正額

④ 決算日後に税率の変更があった場合には，その内容及びその影響

図表12-1 税効果シート① 税効果計算に関するワークシート

	会社名：	福留聡株式会社
	事業年度：	令和2年9月期

項目	A：前期末残高 ＝別表五（一）期首 現在利益積立金額	B：加算 ＝別表五（一） 当期の増減の増	C：減算 ＝別表五（一） 当期の増減の減	D：期末残高 ＝別表五（一）差引翌 期首現在利益積立金額
賞与引当金	10,000,000	20,000,000	10,000,000	20,000,000
貸倒引当金（流動）	1,500,000	1,500,000	1,500,000	1,500,000
未払事業税（注1）	0	11,577,200	0	11,577,200
繰越欠損金（注2）	145,473,532		123,482,078	21,991,454
退職給付引当金	60,000,000	10,000,000	20,000,000	50,000,000
役員退職慰労引当金	8,000,000	2,000,000		10,000,000
土地減損損失	0	100,000,000	0	100,000,000
減価償却超過額（建物）	0	1,000,000		1,000,000
減価償却超過額（工具器具備品）	0	335,000		335,000
貸倒引当金（固定）	0	2,000,000	0	2,000,000
小計	224,973,532	148,412,200	154,982,078	218,403,654
その他有価証券評価差額金	(8,000,000)	(10,000,000)	(8,000,000)	(10,000,000)
合計	(8,000,000)	(10,000,000)	(8,000,000)	(10,000,000)

(注1) 未払事業税の金額は，別表五（一）をもとに計算した金額又は納付税額一覧表又は事業税・都道府県民税内訳表から転記する。

(注2) 繰越欠損金の金額は，別表七（一）から転記する。

(注3) 前期末の数字は，前期末の開示用ではなく，当期の仕訳作成，図表2-5 税効果プルーフに関するワークシートの評価性引当額の増加額算定のために参考として作成している。

Ⅰ会計処理（令和2年9月期）

(1) その他包括利益項目以外の税効果仕訳

①前期計上額の取崩　法人税等調整額　68,886,895　繰延税金資産　68,886,895

②当期分の計上　繰延税金資産　35,946,174　法人税等調整額　35,946,174

(2) その他包括利益項目の税効果仕訳

①前期計上額の取崩　その他有価証券評価差額金　5,550,400　投資有価証券　8,000,000
　　　　　　　　　繰延税金負債　2,449,600

②当期分の計上　投資有価証券　10,000,000　その他有価証券評価差額金　6,938,000
　　　　　　　　　　　　　　　　　　　　繰延税金負債　3,062,000

Ⅱ会計処理（令和2年9月期）－Ⅰの複合仕訳

(1) その他包括利益項目以外の税効果仕訳

Ⅰ会計処理（令和2年9月期）の①＋②　法人税等調整額　32,940,721　繰延税金資産　32,940,721

(2) その他包括利益項目の税効果仕訳

Ⅰ会計処理（令和2年9月期）の①＋②　投資有価証券　2,000,000　その他有価証券評価差額金　1,387,600
　　　　　　　　　　　　　　　　　　　　　　　　　　繰延税金負債　612,400

（単位：円）

E：評価性引当額控除前繰延税金資産 ＝D．期末残高×30.62%	F：回収不能一時差異	G：評価性引当額 ＝F：回収不能一時差異×30.62%	H：評価性引当額控除後一時差異＝ D＋F	I：開示ベースの繰延税金資産 ＝G×30.62%	
6,124,000	0	0	20,000,000	6,124,000	
459,300	0	0	1,500,000	459,300	
3,544,939	0	0	11,577,200	3,544,939	
6,733,783	0	0	21,991,454	6,733,783	
15,310,000	0	0	50,000,000	15,310,000	
3,062,000	(1,000,000)	(306,200)	9,000,000	2,755,800	
30,620,000	(100,000,000)	(30,620,000)	0	0	
306,200	0	0	1,000,000	306,200	
102,577	(9,225)	(2,825)	325,775	99,752	
612,400	0	0	2,000,000	612,400	
66,875,199	(101,009,225)	(30,929,025)	117,394,429	35,946,174	②
(3,062,000)	0	0	(10,000,000)	(3,062,000)	
(3,062,000)	0	0	(10,000,000)	(3,062,000)	④

期末将来減算一時差異合計	196,412,200	
繰延税金資産	35,946,174	①
繰延税金負債	(3,062,000)	②
開示　繰延税金資産	32,884,174	③＝①＋②
法人税等調整額	32,940,721	④＝①′－①

（注3）　（参考：前期末）　　　　　　　　　　　　　　　　　　　　　（単位：円）

J：前期末評価性引当額控除前繰延税金資産 ＝A×30.62%	K：前期末評価性引当額 ＝回収不能一時差異×30.62%	L：前期末の開示ベースの繰延税金資産＝J＋K	
3,062,000		3,062,000	
459,300		459,300	
0		0	
44,543,995		44,543,995	
18,372,000		18,372,000	
2,449,600		2,449,600	
0		0	
0		0	
0		0	
0		0	
68,886,895	0	68,886,895	②′
(2,449,600)		(2,449,600)	
(2,449,600)		(2,449,600)	④′

期末将来減算一時差異合計	79,500,000		
繰延税金資産	68,886,895	①′	前期末B/Sと一致確認
繰延税金負債	(2,449,600)	②′	
開示　繰延税金資産	66,437,295	③′＝①′＋②	前期末B/Sと一致確認

177

図表12-2 税効果シート⑥ 繰延税金資産及び繰延税金負債の発生の主な原因別の内訳
注記に関するワークシート

会社名:	福留聡株式会社
事業年度:	令和2年9月期

（単位：円）

項目	E：評価性引当額控除前繰延税金資産＝D．期末残高×30.62%	G：評価性引当額＝F：回収不能一時差異×30.62%	I：開示ベースの繰延税金資産＝E＋G
賞与引当金	6,124,000		6,124,000
貸倒引当金（流動）	459,300		459,300
未払事業税	3,544,939		3,544,939
繰越欠損金	6,733,783		6,733,783
退職給付引当金	15,310,000		15,310,000
役員退職慰労引当金	3,062,000	(306,200)	2,755,800
土地減損損失	30,620,000	(30,620,000)	0
減価償却の償却超過額（建物）	306,200		306,200
減価償却の償却超過額（工具器具備品）	102,577	(2,825)	99,752
貸倒引当金（固定）	612,400		612,400
小計	66,875,199	(30,929,025)	35,946,174
その他有価証券評価差額金	(3,062,000)	0	(3,062,000)
合計	(3,062,000)	0	(3,062,000)

（繰延税金資産及び繰延税金負債の発生の主な原因別の内訳の開示）

令和2年9月期現在　　　　　（単位：円）

繰延税金資産		
賞与引当金	6,124,000	E
未払事業税	3,544,939	E
税務上の繰越欠損金	6,733,783	E
退職給付引当金	15,310,000	E
役員退職慰労引当金	3,062,000	E
固定資産減損損失	30,620,000	E
減価償却超過額	408,777	E
貸倒引当金	1,071,700	E
繰延税金資産小計	66,875,199	E合計
税務上の繰越欠損金に係る評価性引当金額	0	
将来減算一時差異等の合計に係る評価性引当金額	(30,929,025)	
評価制引当額小計	(30,929,025)	G合計
繰延税金資産合計	35,946,174	I合計に一致
繰延税金負債		
その他有価証券評価差額金	(3,062,000)	E
繰延税金資産の純額	32,884,174	

　現状，福留聡株式会社では，令和2年9月期に税率の変更は予定されていないため，上記4つの注記事項のうち，下記2つの注記が必要となる。

①　繰延税金資産及び繰延税金負債の発生原因別の主な内訳

②　税引前当期純利益又は税金等調整前当期純利益に対する法人税等（法人税等調整額を含む）の比率と法定実効税率との間に重要な差異があるときは，当該差異の原因となった主要な項目別の内訳

　なお，連結財務諸表規則第15条の5税効果会計に関する注記，財務諸表等規則第8条の12税効果会計に関する注記によると，法定実効税率と税効果会計適用後の法人税等の負担率との間の差異が法定実効税率の100分の5以下である場合には，注記を省略できるほか，税引前当期純利益又は税金等調整前当期純利益に対する法人税等（法人税等調整額を含む）の比率と記載があることから，税引前当期純損失又は税金等調整前当期純損失の場合は注記を省略することができる。

図表12-3　税効果シート⑦　税務上の繰越欠損金及びその繰延税金資産の繰越期限別の金額に関するワークシート

会社名：	福留聡株式会社
事業年度：	令和2年9月期

税務上の繰越欠損金及びその繰延税金資産の繰越期限別の金額　　　　　　　　　　　　　　　　　　（単位：円）

	1年以内	1年超2年以内	2年超3年以内	3年超4年以内	4年超5年以内	5年超	合計
税務上の繰越欠損金	0	0	0	0	0	6,733,783	6,733,783
評価性引当額	0	0	0	0	0	0	0
繰延税金資産	0	0	0	0	0	6,733,783	6,733,783

(参考)

事業年度	繰越欠損金（別表七の一）	期限
H30.10.1〜R1.9.30	21,991,454	令和10年9月30日
計	21,991,454	

税効果ベース

事業年度	繰越欠損金（別表七の一）	期限
H30.10.1〜R1.9.30	6,733,783	令和10年9月30日
計	6,733,783	

① 繰延税金資産及び繰延税金負債の発生原因別の主な内訳

　　繰延税金資産及び繰延税金負債の発生原因別の主な内訳の注記であるが，「税効果シート⑥　繰延税金資産及び繰延税金負債の発生の主な原因別の内訳注記に関するワークシート」（**図表12-2**）をご覧いただきたい。税効果シート⑥　繰延税金資産及び繰延税金負債の発生の主な原因別の内訳注記に関するワークシート（図表12-2）は，「税効果シート①　税効果計算に関するワークシート」（**図表12-1**）から下記のとおり転記して作成される。上記ワークシートにより集計された「E：評価性引当額控除前繰延税金資産」

図表12-4　税効果シート⑤　税効果プルーフに関するワークシート

会社名：	福留聡株式会社
事業年度：	令和2年9月期

税引前当期純利益			P/L	132,955,400
永久差異				
寄附金			別表四	129,157
計				133,084,557
				↓×30.62%
				40,750,491
住民税均等割額			納税一覧表	290,000
計				41,040,491
評価性引当額の増加額	前期	0	シート①	30,929,025
	当期	30,929,025	シート①	
計（期待値）				71,969,516
計上額				
法人税，住民税及び事業税			P/L	39,400,200
法人税等調整額			P/L	32,940,721
計				72,340,921
差異				371,405
差異率				0.5%
判定				○重要な差異なし

から「G：評価性引当額」を差し引いて「I：開示ベースの繰延税金資産」が算出される形式で「繰延税金資産及び繰延税金負債の発生の主な原因別の内訳の開示」が作成される（**図12-2**）。

　税務上の繰越欠損金及びその繰延税金資産の繰越期限別の金額は，「税効果シート⑦税務上の繰越欠損金及びその繰延税金資産の繰越期限別の金額に関するワークシート」（**図表12-3**）をご覧いただきたい。

　税務上の繰越欠損金の期限が令和10年9月30日であるため，5年超に税務上の繰越欠損金に法定実効税率30.62％を乗じた6,733,783円が記載され，令和

（単位：円）　税率差異の開示

法定実効税率		30.62%	30.6%	法定実効税率
×30.62%	39,548	0.03%	0.0%	寄附金等永久に損金に算入されない項目
×100%=	290,000	0.22%	0.2%	住民税均等割等
×100%=	30,929,025	23.26%	23.3%	評価性引当額の増加
その他		0.28%	0.3%	その他
		54.41%	54.4%	税効果会計適用後の法人税等の負担率

3年9月期に回収予定ののため，評価性引当額は0円で繰延税金資産が同額計上される。なお，重要性がないため，当該繰延税金資産を回収可能と判断した理由は記載しない。

　② 法定実効税率と税効果会計適用後の法人税等の負担率との間に重要な差異があるときの当該差異の原因となった主要な項目別の内訳

　　「税効果シート⑤　税効果プルーフに関するワークシート」の税率差異の開示をそのまま注記で利用することになる（**図表12-4**）。

第13章 本設例で利用した全てのワークシートと法人税申告書及び地方税申告書の別表の紹介

　最後に，本設例で利用した全てのワークシートと法人税申告書及び地方税申告書の別表の紹介を掲載しておくので利用されたい。この章の見本は，税務経理協会ホームページの「デジタルコンテンツ」→「税効果会計実務入門（改訂版）ワークシートダウンロード」のページより，ダウンロードできる。

会社の概要
1. 会社名　福留聡株式会社
2. 納税地　本社　東京都文京区本郷2-25-6-4061　（管轄：本郷税務署）
3. 電話番号　03-3817-7727
4. 代表者　代表取締役　福留　聡（フクドメ　サトシ）
5. 代表者住所　東京都文京区本郷2-3-19-602
6. 経理責任者　福留儀重
7. 事業種目　サービス業
8. 資本金　500,000,000円
9. 発行済株式数　　1,000,000株
10. 株主
　福留　　聡　　　　　　　300,000株
　伊達　政宗　　　　　　　100,000株
　長宗我部　元親　　　　　 90,000株
　武田　信玄　　　　　　　 80,000株
　織田　信長　　　　　　　 80,000株
　毛利　元就　　　　　　　 80,000株
　豊臣　秀吉　　　　　　　 80,000株
　徳川　家康　　　　　　　 80,000株
　坂本　龍馬　　　　　　　 80,000株
　聖徳　太子　　　　　　　 30,000株
11. 事業年度　令和1年10月1日～令和2年9月30日
12. 決算確定日　令和2年12月20日
13. 期末従事者数　10人

貸借対照表（その他有価証券評価差額金除く税効果会計適用前及び外形標準課税及び法人税，住民税及び事業税計上前）

令和2年9月30日現在

福留聡株式会社

（単位： 円）

科　目	金　額	科　目	金　額
流動資産	382,113,105	流動負債	200,145,000
現金及び預金	83,613,105	買掛金	100,145,000
売掛金	300,000,000	未払金	60,000,000
貸倒引当金	△1,500,000	賞与引当金	20,000,000
		未払消費税等	20,000,000
		固定負債	63,062,000
固定資産	617,886,895	退職給付引当金	50,000,000
有形固定資産	449,000,000	役員退職慰労引当金	10,000,000
建物	195,000,000	繰延税金負債	3,062,000
工具器具備品	4,000,000	負債合計	263,207,000
土地	250,000,000	株主資本	729,855,000
		資本金	500,000,000
		利益剰余金	229,855,000
		利益準備金	20,000,000
		その他利益剰余金	209,855,000
投資その他の資産	168,886,895	別途積立金	10,000,000
投資有価証券	100,000,000	繰越利益剰余金	199,855,000
繰延税金資産	68,886,895	評価・換算差額等	6,938,000
破産更生債権等	2,000,000	その他有価証券評価差額金	6,938,000
貸倒引当金	△2,000,000	純資産合計	736,793,000
資産合計	1,000,000,000	負債及び純資産合計	1,000,000,000

外形標準課税及び法人税，住民税及び事業税計上仕訳

租税公課（外形標準課税）	7,044,600	未払法人税等	46,299,800
法人税，住民税及び事業税	39,255,200		

貸借対照表（その他有価証券評価差額金除く税効果会計適用前）

令和2年9月30日現在

福留聡株式会社

（単位： 円）

科　目	金　額	科　目	金　額
流動資産	382,113,105	流動負債	246,444,800
現金及び預金	83,613,105	買掛金	100,145,000
売掛金	300,000,000	未払金	60,000,000
貸倒引当金	△1,500,000	賞与引当金	20,000,000

		未払法人税等	46,299,800
		未払消費税等	20,000,000
固定資産	617,886,895	固定負債	63,062,000
有形固定資産	449,000,000	退職給付引当金	50,000,000
建物	195,000,000	役員退職慰労引当金	10,000,000
工具器具備品	4,000,000	繰延税金負債	3,062,000
土地	250,000,000	負債合計	309,506,800
		株主資本	683,555,200
		資本金	500,000,000
		利益剰余金	183,555,200
		利益準備金	20,000,000
		その他利益剰余金	163,555,200
投資その他の資産	168,886,895	別途積立金	10,000,000
投資有価証券	100,000,000	繰越利益剰余金	153,555,200
繰延税金資産	68,886,895	評価・換算差額等	6,938,000
破産更生債権等	2,000,000	その他有価証券評価差額金	6,938,000
貸倒引当金	△2,000,000	純資産合計	690,493,200
資産合計	1,000,000,000	負債及び純資産合計	1,000,000,000

その他有価証券評価差額金除く税効果仕訳

法人税等調整額	32,940,721	繰延税金資産	32,940,721

固定の繰延税金資産と固定の繰延税金負債の相殺

繰延税金負債	3,062,000	繰延税金資産	3,062,000

最終貸借対照表

令和2年9月30日現在
福留聡株式会社
(単位：　円)

科　目	金　額	科　目	金　額
流動資産	382,113,105	流動負債	246,444,800
現金及び預金	83,613,105	買掛金	100,145,000
売掛金	300,000,000	未払金	60,000,000
貸倒引当金	△1,500,000	賞与引当金	20,000,000
		未払法人税等	46,299,800
		未払消費税等	20,000,000
固定資産	581,884,174	固定負債	60,000,000
有形固定資産	449,000,000	退職給付引当金	50,000,000
建物	195,000,000	役員退職慰労引当金	10,000,000
工具器具備品	4,000,000		
土地	250,000,000	負債合計	306,444,800

		株主資本	650,614,479
		資本金	500,000,000
		利益剰余金	150,614,479
		利益準備金	20,000,000
		その他利益剰余金	130,614,479
投資その他の資産	132,884,174	別途積立金	10,000,000
投資有価証券	100,000,000	繰越利益剰余金	120,614,479
繰延税金資産	32,884,174	評価・換算差額等	6,938,000
破産更生債権等	2,000,000	その他有価証券評価差額金	6,938,000
貸倒引当金	△2,000,000	純資産合計	657,552,479
資産合計	963,997,279	負債及び純資産合計	963,997,279

損益計算書（その他有価証券評価差額金除く税効果会計適用前及び中間納付除く外形標準課税及び法人税，住民税及び事業税計上前）

自　令和1年10月1日～至　令和2年9月30日
福留聡株式会社　　　　　　　　　　　（単位：　円）

科　目	金　額
売上高	1,000,000,000
売上原価	560,000,000
売上総利益	440,000,000
販売費及び一般管理費	200,000,000
営業利益	240,000,000
経常利益	240,000,000
特別損失	100,000,000
減損損失	100,000,000
税引前当期純利益	140,000,000
法人税，住民税及び事業税	145,000
当期純利益	139,855,000

外形標準課税及び法人税，住民税及び事業税計上仕訳
　租税公課（外形標準課税）　　　　　7,044,600　　未払法人税等　　　　46,299,800
　法人税，住民税及び事業税　　　　39,255,200

損益計算書（その他有価証券評価差額金除く税効果会計適用前）

自　令和1年10月1日〜至　令和2年9月30日
福留聡株式会社　　　　　　　　　　（単位：　円）

科　目	金　額
売上高	1,000,000,000
売上原価	560,000,000
売上総利益	440,000,000
販売費及び一般管理費	207,044,600
営業利益	232,955,400
経常利益	232,955,400
特別損失	100,000,000
減損損失	100,000,000
税引前当期純利益	132,955,400
法人税，住民税及び事業税	39,400,200
当期純利益	93,555,200

その他有価証券評価差額金除く税効果仕訳
法人税等調整額　　　　　　32,940,721　　　　　　（固定）繰延税金資産　　　32,940,721

最終損益計算書

自　令和1年10月1日〜至　令和2年9月30日
福留聡株式会社　　　　　　　　　　（単位：　円）

科　目	金　額
売上高	1,000,000,000
売上原価	560,000,000
売上総利益	440,000,000
販売費及び一般管理費	207,044,600
営業利益	232,955,400
経常利益	232,955,400
特別損失	100,000,000
減損損失	100,000,000
税引前当期純利益	132,955,400
法人税，住民税及び事業税	39,400,200
法人税等調整額	32,940,721
当期純利益	60,614,479

販売費及び一般管理費内訳書（外形標準課税計上前）

自　令和1年10月1日〜至　令和2年9月30日

福留聡株式会社　　　　　　　　　　　　　　　　　　（単位：　円）

科　目	金　額
役員報酬	20,000,000
給与手当	40,000,000
賞与引当金繰入額	20,000,000
退職給付費用	10,000,000
役員退職慰労引当金繰入額	2,000,000
法定福利費	8,000,000
福利厚生費	5,000,000
荷造運賃	4,000,000
広告宣伝費	1,000,000
寄附金	2,500,000
会議費	200,000
旅費交通費	2,500,000
通信費	1,000,000
消耗品費	200,000
事務用品費	400,000
修繕費	5,000,000
水道光熱費	2,000,000
新聞図書費	2,000,000
諸会費	2,000,000
支払手数料	28,000,000
地代家賃	24,000,000
保険料	5,000,000
租税公課	5,000,000
減価償却費	6,000,000
貸倒引当金繰入額	2,000,000
雑費	2,200,000
販売費及び一般管理費合計	200,000,000

外形標準課税及び法人税，住民税及び事業税計上仕訳

租税公課（外形標準課税）　　　　　7,044,600　　　未払法人税等　　　46,864,000

法人税，住民税及び事業税　　　　39,819,400

最終販売費及び一般管理費内訳書

自　令和1年10月1日～至　令和2年9月30日
福留聡株式会社　　　　　　　　　（単位：　円）

科　目	金　額
役員報酬	20,000,000
給与手当	40,000,000
賞与引当金繰入額	20,000,000
退職給付費用	10,000,000
役員退職慰労引当金繰入額	2,000,000
法定福利費	8,000,000
福利厚生費	5,000,000
荷造運賃	4,000,000
広告宣伝費	1,000,000
寄附金	2,500,000
会議費	200,000
旅費交通費	2,500,000
通信費	1,000,000
消耗品費	200,000
事務用品費	400,000
修繕費	5,000,000
水道光熱費	2,000,000
新聞図書費	2,000,000
諸会費	2,000,000
支払手数料	28,000,000
地代家賃	24,000,000
保険料	5,000,000
租税公課	12,044,600
減価償却費	6,000,000
貸倒引当金繰入額	2,000,000
雑費	2,200,000
販売費及び一般管理費合計	207,044,600

株 主 資 本 等 変 動 計 算 書

（その他有価証券評価差額金除く税効果会計適用前及び外形標準課税及び法人税，住民税及び事業税計上前）

自　令和1年10月1日　　　至　令和2年9月30日

福留聡株式会社

(単位：　円)

		株　　　主　　　資　　　本					評価・換算差額等		純資産合計
			利　益　剰　余　金			株主資本合計	その他有価証券評価差額金	評価・換算差額等合計	
	資本金	利益準備金	その他利益剰余金		利益剰余金合計				
			別途積立金	繰越利益剰余金					
当期首残高	500,000,000	20,000,000	10,000,000	70,000,000	100,000,000	600,000,000	5,550,400	5,550,400	605,550,400
当期変動額									
新株の発行									
剰余金の配当				△10,000,000	△10,000,000	△10,000,000			△10,000,000
当期純利益				139,855,000	139,855,000	139,855,000			139,855,000
株主資本以外の項目の当期変動額（純額）							1,387,600	1,387,600	1,387,600
当期変動額合計				129,855,000	129,855,000	129,855,000	1,387,600	1,387,600	131,242,600
当期末残高	500,000,000	20,000,000	10,000,000	199,855,000	229,855,000	729,855,000	6,938,000	6,938,000	736,793,000

外形標準課税及び法人税，住民税及び事業税計上仕訳

租税公課（外形標準課税）　　　　　7,044,600　　　　　　　未払法人税等　　　　　　　46,864,000
法人税，住民税及び事業税　　　　 39,819,400

株 主 資 本 等 変 動 計 算 書

（その他有価証券評価差額金除く税効果会計適用前）

自　令和1年10月1日　　　至　令和2年9月30日

福留聡株式会社

(単位：　円)

		株　　　主　　　資　　　本					評価・換算差額等		純資産合計
			利　益　剰　余　金			株主資本合計	その他有価証券評価差額金	評価・換算差額等合計	
	資本金	利益準備金	その他利益剰余金		利益剰余金合計				
			別途積立金	繰越利益剰余金					
当期首残高	500,000,000	20,000,000	10,000,000	70,000,000	100,000,000	600,000,000	5,550,400	5,550,400	605,550,400
当期変動額									
新株の発行									
剰余金の配当				△10,000,000	△10,000,000	△10,000,000			△10,000,000
当期純利益				92,991,000	92,991,000	92,991,000			92,991,000
株主資本以外の項目の当期変動額（純額）							1,387,600	1,387,600	1,387,600
当期変動額合計				82,991,000	82,991,000	82,991,000	1,387,600	1,387,600	84,378,600
当期末残高	500,000,000	20,000,000	10,000,000	152,991,000	182,991,000	682,991,000	6,938,000	6,938,000	689,929,000

その他有価証券評価差額金除く税効果仕訳

法人税等調整額　　　　　　　　　　32,767,963　　　　　　　（固定）繰延税金資産　　　　32,767,963

最 終 株 主 資 本 等 変 動 計 算 書

自　令和1年10月1日　　至　令和2年9月30日

福留聡株式会社

（単位：　円）

		株　　　　主　　　　資　　　　本						評価・換算差額等		
			利　益　剰　余　金							純資産 合　計
	資本金	利益準備金	その他利益剰余金		利益剰余金 合計	株主資本 合計	その他 有価証券 評価差額金	評価・換算 差額等合計	
			別途積立金	繰越利益 剰余金					
当期首残高	500,000,000	20,000,000	10,000,000	70,000,000	100,000,000	600,000,000	5,550,400	5,550,400	605,550,400
当期変動額									
新株の発行									
剰余金の配当				△10,000,000	△10,000,000	△10,000,000			△10,000,000
当期純利益				60,223,037	60,223,037	60,223,037			60,223,037
株主資本以外 の項目の当期 変動額（純額）							1,387,600	1,387,600	1,387,600
当期変動額合計				50,223,037	50,223,037	50,223,037	1,387,600	1,387,600	51,610,637
当期末残高	500,000,000	20,000,000	10,000,000	120,223,037	150,223,037	650,223,037	6,938,000	6,938,000	657,161,037

株主資本等変動計算書に関する注記

（発行済株式の種類及び総数）

種類　　　　　　　　　　普通株式

発行済株式の数　　　　　1,000,000株

（配当に関する事項）

（1）　配当金支払額

令和1年12月20日の定時株主総会において，次のとおり決議した。

株式の種類　　　　　　　普通株式

配当金の総額　　　　　　　　　　　　10,000,000円

配当の原資　　　　　　　利益剰余金

1株当たりの配当額　　　10円

基準日　　　　　　　　　　　　　　令和1年9月30日

効力発生日　　　　　　　　　　　　令和1年12月20日

(2) 基準日が当期に属する配当のうち，配当の効力発生日が翌期となるもの

令和2年12月20日の定時株主総会において，次のとおり決議を予定してい

る。

株式の種類	普通株式	
配当金の総額		12,000,000円
配当の原資	利益剰余金	
1株当たりの配当額	12円	
基準日		令和2年9月30日
効力発生日		令和2年12月20日

参考資料

1. 減価償却費に関する資料

当期末において保有する減価償却資産及びその償却費等は下記のとおりであ

る。

（単位：円）

種　　類	建　　物	器具備品
構造・用途	鉄筋コンクリート	金属製
細目	事務所	事務机
取得日	令和1年10月1日	令和1年10月1日
事業供用開始日	令和1年10月1日	令和1年10月1日
取得価額	200,000,000	5,000,000
期末帳簿価額		
税務上の減価償却方法	定額法	定率法
税務上の耐用年数	50年	15年
税務上の償却率	0.020	0.133
税務上の改定償却率		0.143
税務上の保証率		0.04565
税務上の減価償却限度額	4,000,000	665,000
会計上の耐用年数	40年	5年
会計上の減価償却方法	定額法	定額法
会計上の償却率	0.025	0.200
会計上の減価償却費計上額	5,000,000	1,000,000

建物の今後5年間の償却費	令和2年 9月30日	令和3年 9月30日	令和4年 9月30日	令和5年 9月30日	令和6年 9月30日
税務上の減価償却費	4,000,000	4,000,000	4,000,000	4,000,000	4,000,000
会計上の減価償却費	5,000,000	5,000,000	5,000,000	5,000,000	5,000,000
償却超過額	1,000,000	1,000,000	1,000,000	1,000,000	1,000,000

40年間の償却超過額は40百万円は，会計上の償却終了後10年間毎年4百万円ずつ認容されていく。

器具備品の今後5年間の償却費	令和2年 9月30日	令和3年 9月30日	令和4年 9月30日	令和5年 9月30日	令和6年 9月30日
税務上の減価償却費	576,555	499,873	433,390	375,749	325,775
会計上の減価償却費	1,000,000	1,000,000	1,000,000	1,000,000	0
償却超過額又は認容額（－）	423,445	500,127	566,610	624,251	－325,775
償却保証額	228,250	228,250	228,250	228,250	228,250

2. 貸倒引当金に関する資料

　当期の破産更生債権等の繰入額は2,000,000円（福留商事株式会社），一般債権の貸倒引当金の繰入額は1,500,000円（貸倒実績率0.5％とする）である。

　なお，前期の貸倒引当金繰入額は，一般債権のみの1,500,000円とする。また前期，当期とも旧法人税法の規定により計算した損金算入限度額は0円である。

3. 減損損失に関する資料

　減損損失100,000,000円は全額土地に関わるものである。

4. 寄附金に関する資料

　当期において支出した寄附金は以下のとおりである。

(1) 国に対する寄附金　　　　　　　　　　500,000
　　（指定寄附金等）

(2) 地元神社に対する祭礼の際の寄附金　　2,000,000
　　（その他の寄附金）

5. 租税公課に関する資料

(1) 当期の外形標準課税以外の租税公課に関する内訳は下記のとおりである。

①印紙税	1,000,000円
②固定資産税	4,000,000円

(2) 当期の法人税，住民税，事業税の内訳は下記のとおりである。

①中間申告分法人税	0円
②中間申告分道府県民税	145,000円
③中間申告分事業税	0円
④未払法人税等の計上額	46,299,800円

(3) 未払法人税等の異動状況は次のとおりである。

①期首残高	290,000円
②前期確定法人税の納付	0円
③前期確定道府県民税の納付	△290,000円
④前期確定事業税の納付	0円
⑤期末見積計上額	46,299,800円
⑥期末残高	46,299,800円

6. 外形標準課税に関する資料

(1) 付加価値割算定のために必要な資料

報酬給与額	90,000,000円	全額	役員又は使用人に対する給与
純支払利子	0円		
純支払賃借料	24,000,000円	全額	事務所の家賃
税率	1.26%		

(2) 資本割算定のために必要な資料

資本金	500,000,000円
税率	0.525%

7. 利益積立金に関する資料

当期首における別表五（一）の金額は次のとおりである。

①利益準備金	20,000,000
②別途積立金	10,000,000
③繰越損益金	70,000,000
④納税充当金	290,000
⑤未納法人税	0
⑥未納道府県民税	△290,000
⑦差引合計額	100,000,000

8. 事業税及び道府県民税に関する資料

（1）提出先　　　　　　　　東京都本郷都税事務所

（2）税率

事業税

年400万円以下	0.496％
年400万円超年800万円以下	0.835％
年800万円超	1.18％
特別法人事業税率	260％

道府県民税

法人税割	10.4％

（3）均等割額

年間	290,000円

（4）中間納付額

事業税（所得割分）	0円
事業税　特別法人事業税分	0円
事業税　外形標準課税分	0円
道府県民税　法人税割額	0円
道府県民税　均等割額	145,000円

9. 繰越欠損金に関する資料

繰越欠損金残高内訳

平成30年10月1日〜令和1年9月30日発生　145,473,532円

納 付 税 額 一 覧 表

平成31年度

法人コード【1000　　　】法人名【福留聡株式会社　　　　　　　　　　　】【　　確定申告　　】

事 業 年 度【令和 1・10・1 〜 令和 2・9・30】

区　　分	課税標準額	年間税額	既納付額	申告納付額	見込納付額	差引納付額	翌期納付額 （予定）
法 人 税	123,482,079	28,647,800		28,647,800		28,647,800	14,323,800
控除所得税他							
地 方 法 人 税	28,647,000	2,950,600		2,950,600		2,950,600	1,475,200
国 税 小 計		31,598,400		31,598,400		31,598,400	15,799,000
事 業 税		8,460,400		8,460,400		8,460,400	4,230,100
（ 所 得 割 ）	123,482,000	1,415,800		1,415,800		1,415,800	707,800
（付加価値割）	350,764,000	4,419,600		4,419,600		4,419,600	2,209,800
（ 資 本 割 ）	500,000,000	2,625,000		2,625,000		2,625,000	1,312,500
（ 収 入 割 ）							
特別法人事業税		3,116,800		3,116,800		3,116,800	1,558,300
（ 所 得 割 ）	1,198,800	3,116,800		3,116,800		3,116,800	
（ 収 入 割 ）							
都道府県民税		3,269,200	145,000	3,124,200		3,124,200	1,634,600
（法人税割）	28,647,000	2,979,200		2,979,200		2,979,200	1,489,600
（ 均 等 割 ）		290,000	145,000	145,000		145,000	145,000
市 町 村 民 税							
（法人税割）							
（ 均 等 割 ）							
地 方 税 小 計		14,846,400	145,000	14,701,400		14,701,400	7,423,000
合　　　計		46,444,800	145,000	46,299,800		46,299,800	23,222,000
消 費 税							
総　　　計		46,444,800	145,000	46,299,800		46,299,800	23,222,000

別表一　各事業年度の所得に係る申告書―内国法人の分……平三十一・四・一以後終了事業年度等分

	令和 年 月 日
	本郷 税務署長殿
納税地	東京都文京区本郷2-25-6-4061　電話(03) 3817 - 7727
(フリガナ)	フクドメサトシカブシキガイシャ
法人名	福留聡株式会社
法人番号	
(フリガナ)	フクドメ サトシ
代表者記名押印	福留 聡　㊞
代表者住所	東京都文京区本郷2-3-19-602

法人区分　非中小法人
同非区分　同族会社　同非同族会社
青色申告　一連番号
整理番号
事業年度(至)
売上金額
申告年月日

令和 1 年 10 月 1 日　事業年度分の法人税　確定申告書
　　　　　　　　　　　課税事業年度分の地方法人税　確定申告書
令和 2 年 9 月 30 日

翌年以降送付要否
税理士法第30条の書面提出有
適用額明細書提出の有無
税理士法第33条の2の書面提出有

所得金額又は欠損金額（別表四「47の①」）	1	1 2 3 4 8 2 0 7 9	
法人税額（53）＋（54）＋（55）	2	2 8 6 4 7 8 2 4	
法人税額の特別控除額（別表六(六)「4」）	3		
差引法人税額（2）－（3）	4	2 8 6 4 7 8 2 4	
連結納税の承認を取り消された場合等における既に控除された法人税額の特別控除額の加算額	5		
土地譲渡税額 課税土地譲渡利益金額	6	0 0 0	
同上に対する税額（22）＋（23）＋（24）	7	0 0 0	
課税留保金額（別表三(一)「4」）	8		
同上に対する税額（別表三(一)「8」）	9	0 0 0	
法人税額計（4）＋（5）＋（7）＋（9）	10	2 8 6 4 7 8 2 4	
分配時調整外国税相当額及び外国関係会社等に係る控除対象所得税額等相当額の控除額（別表六(五の二)「7」＋別表十七(三の六)「3」）	11		
仮装経理に基づく過大申告の更正に伴う控除法人税額	12		
控除税額	13		
差引所得に対する法人税額（10）－（11）－（12）－（13）	14	2 8 6 4 7 8 0 0	
中間申告分の法人税額	15		
差引確定/中間申告の場合はその法人税額（14）－（15）/税額とし、マイナスの場合は（26）へ記入	16	2 8 6 4 7 8 0 0	

所得金額又は欠損金額（4）＋（5）＋（10の外書）	33	2 8 6 4 7 8 2 4	
課税留保金額（9）	34		
課税標準法人税額（33）＋（34）	35	2 8 6 4 7 0 0 0	
地方法人税額（58）	36	2 9 5 0 6 4 1	
課税留保金額に係る地方法人税額（59）	37		
所得地方法人税額（36）＋（37）	38	2 9 5 0 6 4 1	
分配時調整外国税相当額及び外国関係会社等に係る控除対象所得税額等相当額の控除額（別表六(五の二)「8」＋別表十七(三の六)「4」）	39		
外国税額の控除額（別表六(二)「50」）	40		
仮装経理に基づく過大申告の更正に伴う控除地方法人税額	41		
差引地方法人税額（38）－（39）－（40）－（41）	42	2 9 5 0 6 0 0	
中間申告分の地方法人税額	43	0 0	
差引確定/中間申告の場合はその地方法人税額（42）－（43）/税額とし、マイナスの場合は（45）へ記入	44	2 9 5 0 6 0 0	

所得税の額（別表六(一)「6の③」）	17		
外国税額（別表六(二)「20」）	18		
計（17）＋（18）	19		
控除した金額（13）	20		
控除しきれなかった金額（19）－（20）	21		
土地譲渡税額（別表三(二)「27」）	22		
同上（別表三(二の二)「28」）	23		
同上（別表三(三)「23」）	24	0 0	
所得税額等の還付金額（21）	25		
中間納付額（15）－（14）	26		
欠損金の繰戻しによる還付請求税額	27		
計（25）＋（26）＋（27）	28		
この申告前の所得金額（60）	29		
この申告により増加する還付請求税額	30	0 0	
欠損金又は災害損失金等の当期控除額（別表七(一)「4の計」＋（別表七(二)「9」若しくは「21」又は別表七(三)「10」）	31	1 2 3 4 8 2 0 7 8	
翌期へ繰り越す欠損金又は災害損失金（別表七(一)「5の合計」）	32	2 1 9 9 1 4 5 4	

この申告による還付金額（43）－（42）	45		
この申告が修正申告である場合 所得金額に対する法人税額（68）	46		
課税留保金額に対する法人税額（70）	47		
この申告により納付すべき法人税額（70）	48	0 0 0	
この申告により納付すべき地方法人税額（49）	49		
剰余金・利益の配当（剰余金の分配）の金額		1 0 0 0 0 0 0 0	

197

事業年度等	令和1・10・1 令和2・9・30	法人名	福留聡株式会社

法　人　税　額　の　計　算

(1)のうち中小法人等の年800万円相当額以下の金額 ((1)と800万円×12のうち少ない金額)	50	000	(50) の 15 ％ 又は 19 ％ 相当額	53		
(1)のうち特例税率の適用がある協同組合等の年10億円相当額を超える金額 (1)－10億円×12	51	000	(51) の 22 ％ 相当額	54		
その他の所得金額 (1)－(50)－(51)	52	123,482,000	(52) の ~~19 ％ 又は~~ 23.2 ％ 相当額	55	28,647,824	

地　方　法　人　税　額　の　計　算

所得の金額に対する法人税額 (33)	56	28,647,000	(56) の ~~4.4 ％ 又は~~ 10.3 ％ 相当額	58	2,950,641	
課税留保金額に対する法人税額 (34)	57	000	(57) の 4.4 ％ 又は 10.3 ％ 相当額	59		

こ　の　申　告　が　修　正　申　告　で　あ　る　場　合　の　計　算

法人税額の計算	この申告前の	所得金額又は欠損金額	60		地方法人税額の計算	この申告前の	所得の金額に対する法人税額	68	
		課税土地譲渡利益金額	61				課税留保金額に対する法人税額	69	
		課税留保金額	62				課税標準法人税額 (68)＋(69)	70	000
		法人税額	63				確定地方法人税額	71	
		還付金額	64	外			中間還付額	72	
		この申告により納付すべき法人税額又は減少する還付請求税額 ((16)－(63))若しくは((16)＋(64))又は((64)－(28))	65	外 00			欠損金の繰戻しによる還付金額	73	
	この申告前の	欠損金又は災害損失金等の当期控除額	66				この申告により納付すべき地方法人税額 ((44)－(71))若しくは((44)＋(72)＋(73))又は(((72)－(45))＋((73)－(45の外書)))	74	00
		翌期へ繰り越す欠損金又は災害損失金	67						

198

同族会社等の判定に関する明細書			事業年度又は連結事業年度	令和1・10・1 令和2・9・30	法人名	福留聡株式会社	

別表二　平三十一・四・一以後終了事業年度又は連結事業年度分

同 族 会 社 の 判 定	期末現在の発行済株式の総数又は出資の総額	1	内 1,000,000	特定同族会社の判定	(21)の上位1順位の株式数又は出資の金額	11	300,000
	(19)と(21)の上位3順位の株式数又は出資の金額	2	490,000		株式数等による判定 (11)/(1)	12	30.0 %
	株式数等による判定 (2)/(1)	3	49.0 %		(22)の上位1順位の議決権の数	13	
	期末現在の議決権の総数	4	内		議決権の数による判定 (13)/(4)	14	%
	(20)と(22)の上位3順位の議決権の数	5			(21)の社員の1人及びその同族関係者の合計人数のうち最も多い数	15	
	議決権の数による判定 (5)/(4)	6	%		社員の数による判定 (15)/(7)	16	30.000 %
	期末現在の社員の総数	7			特定同族会社の判定割合 ((12)、(14)又は(16)のうち最も高い割合)	17	
	社員の3人以下及びこれらの同族関係者の合計人数のうち最も多い数	8		判 定 結 果	18	特定同族会社 同族会社 非同族会社	
	社員の数による判定 (8)/(7)	9	49.000 %				
	同族会社の判定割合 ((3)、(6)又は(9)のうち最も高い割合)	10					

判 定 基 準 と な る 株 主 等 の 株 式 数 等 の 明 細

順位		判定基準となる株主（社員）及び同族関係者		判定基準となる株主等との続柄	株 式 数 又 は 出 資 の 金 額 等			
株式数等	議決権数				被支配会社でない法人株主等		その他の株主等	
		住所又は所在地	氏名又は法人名		株式数又は出資の金額 19	議決権の数 20	株式数又は出資の金額 21	議決権の数 22
1	1		福留聡	本　人			300,000	
2	2		伊達政宗				100,000	
3	3		長宗我部元親				90,000	
4	4		武田信玄				80,000	
4	4		織田信長				80,000	
4	4		毛利元就				80,000	
4	4		豊臣秀吉				80,000	
4	4		徳川家康				80,000	
4	4		坂本龍馬				80,000	
10	10		聖徳太子				30,000	

所得の金額の計算に関する明細書（簡易様式）

事業年度	令和1・10・1 令和2・9・30	法人名	福留聡株式会社

区　分		総　額	処　分	
			留　保	社　外　流　出
		①	②	③
当期利益又は当期欠損の額	1	60,614,479 円	50,614,479 円	配当 10,000,000 円
				その他
加	損金経理をした法人税及び地方法人税(附帯税を除く。)	2			
	損金経理をした道府県民税及び市町村民税	3	145,000	145,000	
	損金経理をした納税充当金	4	46,299,800	46,299,800	
	損金経理をした附帯税(利子税を除く。)、加算金、延滞金(延納分を除く。)及び過怠税	5			その他
	減価償却の償却超過額	6	1,335,000	1,335,000	
	役員給与の損金不算入額	7			その他
	交際費等の損金不算入額	8			その他
算	貸倒引当金限度超過	9	3,500,000	3,500,000	
	次 葉 紙 合 計	10	164,940,721	164,940,721	
	小　計	11	216,220,521	216,220,521	
減	減価償却超過額の当期認容額	12			
	納税充当金から支出した事業税等の金額	13			
	受取配当等の益金不算入額(別表八(一)「13」又は「26」)	14			※
	外国子会社から受ける剰余金の配当等の益金不算入額(別表八(二)「26」)	15			※
	受贈益の益金不算入額	16			※
	適格現物分配に係る益金不算入額	17			※
算	法人税等の中間納付額及び過誤納に係る還付金額	18			
	所得税額等及び欠損金の繰戻しによる還付金額等	19			※
	次 葉 紙 合 計	20	30,000,000	30,000,000	
	小　計	21	30,000,000	30,000,000	外※
仮　計 (1)+(11)-(21)	22	246,835,000	236,835,000	外※ 10,000,000
関連者等に係る支払利子等の損金不算入額(別表十七(二の二)「24」又は「29」)	23			その他
超過利子額の損金算入額(別表十七(二の三)「10」)	24	△		※ △
仮　計 ((22)から(24)までの計)	25	246,835,000	236,835,000	外※ 10,000,000
寄附金の損金不算入額(別表十四(二)「24」又は「40」)	27	129,157		その他 129,157
法人税額から控除される所得税額(別表六(一)「6の③」)	29			その他
税額控除の対象となる外国法人税の額(別表六(二の二)「7」)	30			その他
分配時調整外国税相当額及び外国関係会社等に係る控除対象所得税額等相当額(別表六(五の二)「5の②」+別表十七(三の十二)「1」)	31			その他
合　計 (25)+(27)+(29)+(31)	34	246,964,157	236,835,000	外※ 10,129,157
契約者配当の益金算入額(別表九(一)「13」)	35			
中間申告における繰戻しによる還付に係る災害損失欠損金額の益金算入額	37			※
非適格合併又は残余財産の全部分配等による移転資産等の譲渡利益額又は譲渡損失額	38			※
差　引　計 (34)+(35)+(37)+(38)	39	246,964,157	236,835,000	外※ 10,129,157
欠損金又は災害損失金等の当期控除額(別表七(一)「4の計」+(別表七(二)「9」若しくは「21」又は別表七(三)「10」))	40	△ 123,482,078		※ △ 123,482,078
総　計 (39)+(40)	41	123,482,079	236,835,000	外※ △ 123,482,078 10,129,157
新鉱床探鉱費又は海外新鉱床探鉱費の特別控除額(別表十(三)「43」)	42	△		※ △
残余財産の確定の日の属する事業年度に係る事業税の損金算入額	46	△	△	
所 得 金 額 又 は 欠 損 金 額	47	123,482,079	236,835,000	外※ △ 123,482,078 10,129,157

| 所得の金額の計算に関する明細書（次葉紙） | 事業年度 | 令和1・10・1
令和2・9・30 | 法人名 | 福留聡株式会社 |

区　　　分		総　　額	処　　　　分		
			留　保	社　外　流　出	
		①	②	③	
法 人 税 等 調 整 額	1	32,940,721 円	32,940,721 円		円
賞 与 引 当 金 繰 入 額	2	20,000,000	20,000,000		
退 職 給 付 費 用	3	10,000,000	10,000,000		
土 地 減 損 損 失	4	100,000,000	100,000,000		
役員退職慰労引当金繰入額	5	2,000,000	2,000,000		
	6				
	7				
加	8				
	9				
	10				
	11				
	12				
	13				
算	14				
	15				
	16				
	17				
	18				
	19				
	20				
小　　　計	21	164,940,721	164,940,721		
賞 与 引 当 金 当 期 認 容	22	10,000,000	10,000,000		
退職給与引当金取崩超過	23	20,000,000	20,000,000		
	24				
	25				
	26				
	27				
	28				
減	29				
	30				
	31				
	32				
	33				
	34				
算	35				
	36				
	37				
	38				
	39				
	40				
	41				
小　　　計	42	30,000,000	30,000,000	外※	

別表四（次葉紙）

利益積立金額及び資本金等の額の計算に関する明細書

事業年度	令和1・10・1 令和2・9・30	法人名	福留聡株式会社

I　利益積立金額の計算に関する明細書

区　分		期首現在利益積立金額 ①	当期の増減 減 ②	当期の増減 増 ③	差引翌期首現在利益積立金額 ①-②+③ ④
利 益 準 備 金	1	20,000,000円	円	円	20,000,000円
積 立 金	2				
貸 倒 引 当 金	3			3,500,000	3,500,000
減 価 償 却 超 過 額	4			1,335,000	1,335,000
賞 与 引 当 金	5	10,000,000	10,000,000	20,000,000	20,000,000
別 途 積 立 金	6	10,000,000			10,000,000
繰 越 税 金 資 産	7	△68,886,895		32,940,721	△35,946,174
繰 越 税 金 負 債	8	2,449,600	2,449,600	3,062,000	3,062,000
退 職 給 付 引 当 金	9	60,000,000	20,000,000	10,000,000	50,000,000
土 地 減 損 損 失	10			100,000,000	100,000,000
役員退職慰労引当金	11	8,000,000		2,000,000	10,000,000
有価証券評価差額金	12	5,550,400	5,550,400	6,983,000	6,983,000
有価証券評価差額金否認	13	△8,000,000	△8,000,000	△10,000,000	△10,000,000
	14				
	15				
	16				
	17				
	18				
	19				
	20				
	21				
	22				
	23				
	24				
	25				
繰越損益金（損は赤）	26	70,000,000	70,000,000	120,614,479	120,614,479
納 税 充 当 金	27	290,000	290,000	46,299,800	46,299,800
未納法人税等 未納法人税及び未納地方法人税（附帯税を除く。）	28	△	△	中間 △　確定 △31,598,400	△31,598,400
未納道府県民税（均等割額を含む。）	29	290,000	△435,000	中間 145,000　確定 △3,124,200	△3,124,200
未納市町村民税（均等割額を含む。）	30	△	△	中間 △　確定 △	△
差 引 合 計 額	31	109,113,105	99,855,000	301,822,400	311,080,505

II　資本金等の額の計算に関する明細書

区　分		期首現在資本金等の額 ①	当期の増減 減 ②	当期の増減 増 ③	差引翌期首現在資本金等の額 ①-②+③ ④
資 本 金 又 は 出 資 金	32	500,000,000円	円	円	500,000,000円
資 本 準 備 金	33				
	34				
	35				
差 引 合 計 額	36	500,000,000			500,000,000

| 租税公課の納付状況等に関する明細書 | | | 事業年度 | 令和1・10・1
令和2・9・30 | | 法人名 | 福留聡株式会社 | 別表五（二）平三十一・四・一以後終了事業年度分 |

税　目　及　び　事　業　年　度				期首現在未納税額 ①	当期発生税額 ②	当期中の納付税額			期末現在未納税額 ①+②-③-④-⑤ ⑥
						充当金取崩しによる納付 ③	仮払経理による納付 ④	損金経理による納付 ⑤	
法人税及び地方法人税	・　・		1	円		円	円	円	円
	・　・		2						
	当期分	中　　間	3		円				
		確　　定	4		31,598,400				31,598,400
	計		5		31,598,400				31,598,400
道府県民税	30・10・1 1・9・30		6	290,000		290,000			0
	・　・		7						
	当期分	中　　間	8		145,000			145,000	0
		確　　定	9		3,124,200				3,124,200
	計		10	290,000	3,269,200	290,000		145,000	3,124,200
市町村民税	・　・		11						
	・　・		12						
	当期分	中　　間	13						
		確　　定	14						
	計		15						
事業税	・　・		16						
	・　・		17						
	当　期　中　間　分		18						
	計		19						
その他	損金算入のもの	利　子　税	20						
		延滞金（延納に係るもの）	21						
		印　紙　税	22		1,000,000			1,000,000	0
		固定資産税	23		4,000,000			4,000,000	0
	損金不算入のもの	加算税及び加算金	24						
		延　滞　税	25						
		延滞金（延納分を除く。）	26						
		過　怠　税	27						
			28						
			29						

納　税　充　当　金　の　計　算								
繰入額	期　首　納　税　充　当　金	30	290,000 円	取崩額	その他	損金算入のもの	36	円
	損金経理をした納税充当金	31	46,299,800			損金不算入のもの	37	
		32					38	
	計 (31)＋(32)	33	46,299,800			仮払税金消却	39	
取崩額	法人税額等 (5の③)＋(10の③)＋(15の③)	34	290,000		計 (34)+(35)+(36)+(37)+(38)+(39)		40	290,000
	事　業　税 (19の③)	35			期末納税充当金 (30)＋(33)－(40)		41	46,299,800

203

⑤ 欠損金又は災害損失金の損金算入等に関する明細書

事業年度	令和1・10・1 令和2・9・30	法人名	福留聡株式会社

控除前所得金額 (別表四「39の①」)－(別表七(二)「9」又は「21」)	1	246,964,157 円	所得金額控除限度額 (1)×50又は100/100	2	123,482,078

事業年度	区分	控除未済欠損金額 3	当期控除額 (当該事業年度の(3)と((2)－当該事業年度前の(4)の合計額))のうち少ない金額 4	翌期繰越額 ((3)－(4))又は(別表七(三)「15」) 5
・・ ・・	青色欠損・連結みなし欠損・災害損失	円	円	円
平30・10・1 令1・9・30	青色欠損・連結みなし欠損・災害損失	145,473,532	123,482,078	21,991,454
・・ ・・	青色欠損・連結みなし欠損・災害損失			
・・ ・・	青色欠損・連結みなし欠損・災害損失			
・・ ・・	青色欠損・連結みなし欠損・災害損失			
・・ ・・	青色欠損・連結みなし欠損・災害損失			
・・ ・・	青色欠損・連結みなし欠損・災害損失			
・・ ・・	青色欠損・連結みなし欠損・災害損失			
・・ ・・	青色欠損・連結みなし欠損・災害損失			
	計	145,473,532	123,482,078	21,991,454

当期分	欠損金額 (別表四「47の①」)		欠損金の繰戻し額	
	同上のうち 災害損失金			
	同上のうち 青色欠損金			
	合計			21,991,454

災害により生じた損失の額の計算				
災害の種類			災害のやんだ日又はやむを得ない事情のやんだ日	・・・
災害を受けた資産の別		棚卸資産 ①	固定資産 (固定資産に準ずる繰延資産を含む。) ②	計 ①＋② ③
当期の欠損金額 (別表四「47の①」)	6			円
災害により生じた損失の額	資産の滅失等により生じた損失の額	7	円	円
	被害資産の原状回復のための費用等に係る損失の額	8		
	被害の拡大又は発生の防止のための費用に係る損失の額	9		
	計 (7)＋(8)＋(9)	10		
保険金又は損害賠償金等の額	11			
差引災害により生じた損失の額 (10)－(11)	12			
同上のうち所得税額の還付又は欠損金の繰戻しの対象となる災害損失金額	13			
中間申告における災害損失欠損金の繰戻し額	14			
繰戻しの対象となる災害損失欠損金額 ((6の③)と((13の③)－(14の③))のうち少ない金額)	15			
繰越控除の対象となる損失の額 ((6の③)と((12の③)－(14の③))のうち少ない金額)	16			

① 一括評価金銭債権に係る貸倒引当金の損金算入に関する明細書

| 事業年度又は連結事業年度 | 令和1・10・1 令和2・9・30 | 法人名 | 福留聡株式会社 |

別表十一（一の二）平三十一・四・一以後終了事業年度又は連結事業年度分

			円				円
当 期 繰 入 額	1	3,500,000		前3年内事業年度（設立事業年度である場合には当該事業年度又は連結事業年度）末における一括評価金銭債権の帳簿価額の合計額	9		
繰入限度額の計算	期末一括評価金銭債権の帳簿価額の合計額（24の計）	2	300,000,000	貸倒実績率の計算	前3年内事業年度における事業年度及び連結事業年度の数 (9)	10		
	貸 倒 実 績 率 (17)	3			前3年内の各事業年度又は各連結事業年度（設立事業年度等である場合の各連結事業年度である）合	令第96条第6項第2号イの貸倒れによる損失の額の合計額	11	
	実質的に債権とみられないものの額を控除した期末一括評価金銭債権の帳簿価額の合計額（26の計）	4	300,000,000		損金の額に算入された令第96条第6項第2号ロの金額の合計額	12	
	法 定 の 繰 入 率 (5)	5	1,000		損金の額に算入された令第96条第6項第2号ハの金額の合計額	13	
	繰 入 限 度 額 ((2)×(3))又は((4)×(5))	6	0		益金の額に算入された令第96条第6項第2号ニの金額の合計額	14	
	公益法人等・協同組合等の繰入限度額 (6)×(102,104,106,108又は110)/100	7			貸倒れによる損失の額等の合計額 (11)+(12)+(13)-(14)	15	
	繰 入 限 度 超 過 額 (1)-((6)又は(7))	8	3,500,000		(15)×12/前3年内事業年度における事業年度及び連結事業年度の月数の合計	16	
					貸 倒 実 績 率 (16)/(10)（小数点以下4位未満切上げ）	17	

一 括 評 価 金 銭 債 権 の 明 細

勘定科目	期末残高	売掛債権等とみなされる額及び貸倒否認額	(18)のうち税務上貸倒れがあったものとみなされる額及び売掛債権等に該当しないものの額	個別評価の対象となった売掛債権等の額及び非適格合併等により移転する売掛債権等の額	法第52条第3項に規定する法人の当該各事業年度以外の金銭債権の額	連結完全支配関係があある連結法人に対する売掛金債権等の額	期末一括評価金銭債権の額 (18)+(19)-(20)-(21)-(22)-(23)	実質的に債権とみられないものの額	差引期末一括評価金銭債権の額 (24)-(25)
	18	19	20	21	22	23	24	25	26
	円 300,000,000	円	円	円	円	円	円 300,000,000	円	円 300,000,000
計	300,000,000						300,000,000		300,000,000

基準年度の実績により実質的に債権とみられないものの額を計算する場合の明細

平成27年4月1日から平成29年3月31日までの間に開始した各事業年度末の一括評価金銭債権の額の合計額	27		債 権 か ら の 控 除 割 合 (28)/(27)（小数点以下3位未満切捨て）	29	
同上の各事業年度末の実質的に債権とみられないものの額の合計額	28		実質的に債権とみられないものの額 (24の計)×(29)	30	円

③ 寄附金の損金算入に関する明細書

| 事業年度 | 令和1・10・1 令和2・9・30 | 法人名 | 福留聡株式会社 |

公益法人等以外の法人の場合

一般寄附金の損金算入限度額の計算	支出した寄附金の額	指定寄附金等の金額 (41の計)	1	500,000円
		特定公益増進法人等に対する寄附金額 (42の計)	2	
		その他の寄附金額	3	2,000,000
		計 (1) + (2) + (3)	4	2,500,000
	完全支配関係がある法人に対する寄附金額		5	
	計 (4) + (5)		6	2,500,000
	所得金額仮計 (別表四「25の①」+「26の①」)		7	246,835,000
	寄附金支出前所得金額 (6) + (7) (マイナスの場合は0)		8	249,335,000
	同上の 2.5又は1.25/100 相当額		9	6,233,375
	期末の資本金等の額 (別表五(一)「36の④」) (マイナスの場合は0)		10	500,000,000
	同上の月数換算額 (10) × 12/12		11	500,000,000
	同上の 2.5/1,000 相当額		12	1,250,000
	一般寄附金の損金算入限度額 ((9) + (12)) × 1/4		13	1,870,843
特定公益増進法人等に対する寄附金の特別損金算入限度額の計算	寄附金支出前所得金額の 6.25/100 相当額 (8) × 6.25/100		14	15,583,437
	期末の資本金等の額の月数換算額の 3.75/1,000 相当額 (11) × 3.75/1,000		15	1,875,000
	特定公益増進法人等に対する寄附金の特別損金算入限度額 ((14) + (15)) × 1/2		16	8,729,218
	特定公益増進法人等に対する寄附金の損金算入額 (2) と ((14) 又は(16)) のうち少ない金額		17	0
	指定寄附金等の金額 (18)		18	500,000
	国外関連者に対する寄附金額及び本店等に対する内部寄附金額 (4) - (19)		19	
	(4)の寄附金額のうち同上の寄附金以外の寄附金額 (4) - (19)		20	2,500,000
損金不算入額	同上のうち損金の額に算入されない金額 (20) - ((9) 又は(13)) - (17) - (18)		21	129,157
	国外関連者に対する寄附金額及び本店等に対する内部寄附金額 (19)		22	
	完全支配関係がある法人に対する寄附金額 (5)		23	
	計 (21) + (22) + (23)		24	129,157

公益法人等の場合

損金算入限度額の計算	支出した寄附金の額	長期給付事業への繰入利子額	25	円
		同上以外のみなし寄附金額	26	
		その他の寄附金額	27	
		計 (25) + (26) + (27)	28	
	所得金額仮計 (別表四「25の①」)		29	
	寄附金支出前所得金額 (28) + (29) (マイナスの場合は0)		30	
	同上の 20又は50/100 相当額 [50/100 相当額が年200万円に満たない場合（当該法人が公益社団法人又は公益財団法人である場合を除く。）は、年200万円]		31	
	公益社団法人又は公益財団法人の公益法人特別限度額 (別表十四(二)付表「3」)		32	
	長期給付事業を行う共済組合等の損金算入限度額 ((25)と融資額の年5.5%相当額のうち少ない金額)		33	
	損金算入限度額 (31)、((31) と(32)のうち多い金額) 又は((31) と(33)のうち多い金額)		34	
	指定寄附金等の金額 (41の計)		35	
損金不算入額	国外関連者に対する寄附金額及び完全支配関係がある法人に対する寄附金額		36	
	(28)の寄附金額のうち同上の寄附金以外の金額 (28) - (36)		37	
	同上のうち損金の額に算入されない金額 (37) - (34) - (35)		38	
	国外関連者に対する寄附金額及び完全支配関係がある法人に対する寄附金額 (36)		39	
	計 (38) + (39)		40	

指定寄附金等に関する明細

寄附した日	寄附先	告示番号	寄附金の使途	寄附金額 41
令和2年8月31日	国		建設資金	500,000円
計				500,000

特定公益増進法人若しくは認定特定非営利活動法人等に対する寄附金又は認定特定公益信託に対する支出金の明細

寄附した日又は支出した日	寄附先又は受託者	所在地	寄附金の使途又は認定特定公益信託の名称	寄附金額又は支出金額 42
				円
計				

その他の寄附金のうち特定公益信託（認定特定公益信託を除く。）に対する支出金の明細

支出した日	受託者	所在地	特定公益信託の名称	支出金額
				円

①	旧定額法又は定額法による減価償却資産の償却額の計算に関する明細書		事業年度 又は連結 事業年度	令和1・10・1 令和2・9・30	法人名	福留聡株式会社 （　　　　）				別表十六(一)

資産区分	種類	1	建　物				
	構造	2	事務所				
	細目	3	鉄筋コンクリート				
	取得年月日	4	令1・10・1	・　・	・　・	・　・	・　・
	事業の用に供した年月	5	令1・10				
	耐用年数	6	50　年	年	年	年	年
取得価額	取得価額又は製作価額	7	外 200,000,000	外 円	外 円	外 円	外 円
	圧縮記帳による積立金計上額	8					
	差引取得価額 (7)−(8)	9	200,000,000				
帳簿価額	償却額計算の対象となる期末現在の帳簿記載金額	10	195,000,000				
	期末現在の積立金の額	11					
	積立金の期中取崩額	12					
	差引帳簿記載金額 (10)−(11)−(12)	13	外△ 195,000,000	外△	外△	外△	外△
	損金に計上した当期償却額	14	5,000,000				
	前期から繰り越した償却超過額	15	外	外	外	外	外
	合計 (13)+(14)+(15)	16	200,000,000				
当期分の普通償却限度額等	平成19年3月31日以前取得分	残存価額	17					
		差引取得価額×5% (9)×5/100	18					
		旧定額法の償却額計算の基礎となる金額 (9)−(17)	19					
		旧定額法の償却率	20					
		(16)>(18)の場合 算出償却額 (19)×(20)	21	円	円	円	円	円
		増加償却額 (21)×割増率	22	( )	( )	( )	( )	( )
		計 (21)+(22)又は(16)−(18)	23					
		(16)≦(18)の場合 算出償却額 (18)−1円)×60	24					
	平成19年4月1日以後取得分	定額法の償却額計算の基礎となる金額 (9)	25	200,000,000				
		定額法の償却率	26	0.020				
		算出償却額 (25)×(26)	27	4,000,000 円	円	円	円	円
		増加償却額 (27)×割増率	28	( )	( )	( )	( )	( )
		計 (27)+(28)	29	4,000,000				
	当期分の普通償却限度額等 (23)、(24)又は(29)	30	4,000,000				
当期分の償却限度額	特別償却又は割増償却	租税特別措置法適用条項	31	条　項 ( )	条　項 ( )	条　項 ( )	条　項 ( )
		特別償却限度額	32	外 円	外 円	外 円	外 円	外 円
		前期から繰り越した特別償却不足額又は合併等特別償却不足額	33					
	合計 (30)+(32)+(33)	34	4,000,000				
差引	当期償却額	35	5,000,000				
	償却不足額 (34)−(35)	36					
	償却超過額 (35)−(34)	37	1,000,000				
償却超過額	前期からの繰越額	38	外	外	外	外	外
	当期損金認容額	償却不足によるもの	39					
		積立金取崩しによるもの	40					
	差引合計翌期への繰越額 (37)+(38)−(39)−(40)	41	1,000,000				
特別償却不足額	翌期に繰り越すべき特別償却不足額 ((36)−(39))と((32)+(33))のうち少ない金額	42					
	当期において切り捨てる特別償却不足額又は合併等特別償却不足額	43					
	差引翌期への繰越額 (42)−(43)	44					
	翌期への繰越額の内訳	期 ・　・	45					
		当期分不足額	46					
	適格組織再編成により引き継ぐべき合併等特別償却不足額 ((36)−(39))と(32)のうち少ない金額	47					
備考							

① 旧定率法又は定率法による減価償却資産の償却額の計算に関する明細書

事業年度又は連結事業年度	令和1・10・1 ～ 令和2・9・30	法人名	福留聡株式会社 ( )

資産区分	種類	1	器具備品				
	構造	2	金属製				
	細目	3	事務机				
	取得年月日	4	令1・10・1	・ ・	・ ・	・ ・	・ ・
	事業の用に供した年月	5	令1・10				
	耐用年数	6	15 年	年	年	年	年
取得価額	取得価額又は製作価額	7	外 5,000,000 円	外 円	外 円	外 円	外 円
	圧縮記帳による積立金計上額	8					
	差引取得価額(7)-(8)	9	5,000,000				
償却額計算の基礎となる額	償却額計算の対象となる期末現在の帳簿記載金額	10	4,000,000				
	期末現在の積立金の額	11					
	積立金の期中取崩額	12					
	差引帳簿記載金額(10)-(11)-(12)	13	外△ 4,000,000	外△	外△	外△	外△
	損金に計上した当期償却額	14	1,000,000				
	前期から繰り越した償却超過額	15	外	外	外	外	外
	合計(13)+(14)+(15)	16	5,000,000				
	前期から繰り越した特別償却不足額又は合併等特別償却不足額	17					
	償却額計算の基礎となる金額(16)-(17)	18	5,000,000				
当期分の普通償却限度額等	平成19年3月31日以前取得分	差引取得価額×5%(9)×5/100	19					
		旧定率法の償却率	20					
	(16)>(19)の場合	算出償却額(18)×(20)	21	円	円	円	円
		増加償却額(21)×割増率	22	( )	( )	( )	( )
		計(21)+(22)	23				
	(16)≦(19)の場合	算出償却額(19-1)×12/60	24				
	平成19年4月1日以後取得分	定率法の償却率	25	0.133				
		調整前償却額(18)×(25)	26	665,000	円	円	円	円
		保証率	27	0.04565				
		償却保証額(9)×(27)	28	228,250				
	(26)<(28)の場合	改定取得価額	29					
		改定償却率	30					
		改定償却額(29)×(30)	31	円	円	円	円
		増加償却額(26)又は(31))×割増率	32	( )	( )	( )	( )
		計((26)又は(31))+(32)	33	665,000				
	当期分の普通償却限度額等(23)、(24)又は(33)	34	665,000				
当期分の償却限度額	特別償却限度額	租税特別措置法適用条項	35	条 項 ( )	条 項 ( )	条 項 ( )	条 項 ( )	条 項 ( )
		特別償却限度額	36	外 円	外 円	外 円	外 円	外 円
	前期から繰り越した特別償却不足額又は合併等特別償却不足額	37					
	合計(34)+(36)+(37)	38	665,000				
当期償却額	39	1,000,000				
差引	償却不足額(38)-(39)	40					
	償却超過額(39)-(38)	41	335,000				
償却超過額	前期からの繰越額	42	外	外	外	外	外
	当期損金認容額	償却不足によるもの	43					
		積立金取崩しによるもの	44					
	差引合計翌期への繰越額(41)+(42)-(44)	45	335,000				
特別償却不足額	翌期に繰り越すべき特別償却不足額((40)-(43))のうち少ない金額)	46					
	当期において切り捨てる特別償却不足額又は合併等特別償却不足額	47					
	差引翌期への繰越額(46)-(47)	48					
	翌期繰越額の内訳	・ ・	49					
		当期分不足額	50					
適格組織再編成により引き継ぐべき合併等特別償却不足額((40)と(36)のうち少ない金額)	51					

備考

208

様式第一

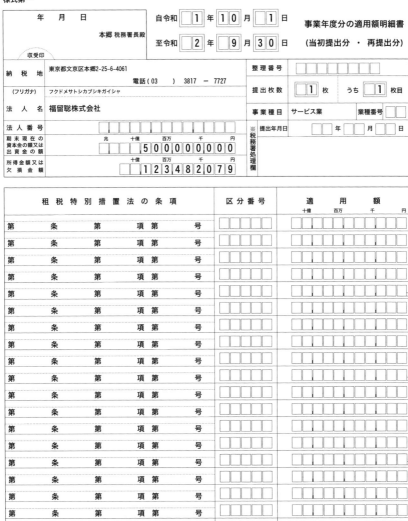

受付印

	受理年月日	整理番号	事務所	管理番号	申告区分
	通達日付印　確認印				

年　月　日　　法人番号

東京都千代田都税事務所長　殿

この申告の基礎			申告年月日
法人税の	年　月　日	の修申・更・決による。	年　月　日
		正告・正正・定	

所在地	東京都文京区本郷2-25-6-4061	事業種目	サービス業
本店又は主たる事務所の所在地と併記	（電話　03-3817-7727　）	期末現在の資本金の額又は出資金の額（解散日現在の資本金の額又は出資金の額）	500000000
（ふりがな）フクドメサトシカブシキガイシャ		同上が1億円以下の普通法人のうち中小法人等に該当しないもの	非中小法人等
法人名　福留聡株式会社		期末現在の資本金の額及び資本準備金の額の合算額	5000000000
（ふりがな）フクドメサトシ　（ふりがな）フクドメヨシゲ		期末現在の資本金等の額	5000000000
代表者氏名印　福留聡　経理責任者氏名　福留儀重			

令和　1年10月　1日から令和　2年　9月30日までの事業年度分又は連結事業年度分　の　確定　申告書

（事業税）

（事業税）	摘要	課税標準	税率/100	税額		
所得割	所得金額総額⑱-⑳又は別表5③④ ㉗	1,234,820,79			（便途秘匿金税額等）法人税法の規定によって計算した法人税額 ①	2,864,782,4
	年400万円以下の金額 ㉘	4,000,000	0.495	19,800	試験研究費の額等に係る法人税額の特別控除額 ②	
	年400万円を超え年800万円以下の金額 ㉙	4,000,000	0.835	33,400	還付法人税額等の控除額 ③	
	年800万円を超える金額 ㉚	1,154,820,00	1.18	13,626,00	退職年金等積立金に係る法人税額 ④	
	計 ㉘+㉙+㉚ ㉛	1,234,820,00		14,158,00	仮計①+②-③+④ ⑤	2,864,700,0
	軽減税率不適用法人の金額 ㉜				⑥	
付加価値割	付加価値額総額 ㉝	350,764,157			法人税割額⑤又は⑥×₁₀₀ ⑦	2,979,288
	付加価値額 ㉞	350,764,00	1.26	4,419,60	道府県民税の特定寄附金税額控除額 ⑧	
資本割	資本金等の額総額 ㉟	5,000,000,00			外国関係会社等に係る控除対象所得税額等相当額又は個別控除対象所得税額等相当額の控除額 ⑨	
	資本金等の額 ㊱	5,000,000,00	0.525	26,250,00	外国の法人税等の額の控除額 ⑩	
収入割	収入金額総額 ㊲				仮装経理に基づく法人税割額の控除額 ⑪	
	収入金額 ㊳				差引法人税割額⑦-⑧-⑨-⑩-⑪ ⑫	2,979,20,0
	合計事業税額 ㉛+㉞+㊱+㊳又は㉜+㊱+㊳ ㊴			8,460,400	既に納付の確定した当期分の法人税割額 ⑬	
	平成28年改正法附則第5条の控除額 ㊵				租税条約の実施に係る法人税割額の控除額 ⑭	
	事業税の特定寄附金税額控除額 ㊶		仮装経理に基づく事業税額の控除額 ㊷		この申告により納付すべき法人税割額⑫-⑬-⑭ ⑮	2,979,200
	差引事業税額㊴-㊵-㊶又は㊴-㊶ ㊸	8,460,400	既に納付の確定した当期分の事業税額 ㊹		算定期間中において事務所等を有していた月数 ⑯	12　月
	租税条約の実施に係る事業税額の控除額 ㊺		この申告により納付すべき事業税額㊸-㊹-㊺ ㊻	8,460,400	均等割 290,000　円×⑯/12 ⑰	2,90,000
	㊻の内訳 所得割 ㊼	14,158,00	付加価値割 ㊽	4,419,60	既に納付の確定した当期分の均等割額 ⑱	1,45,00
		資本割 ㊾	26,250,00	収入割 ㊿		この申告により納付すべき均等割額⑰-⑱ ⑲	1,45,00
	㊻のうち見込納付額 51		差引㊻-51 52	8,460,400	この申告により納付すべき道府県民税額⑮+⑲ ⑳	3,124,200

（特別法人事業税又は地方法人特別税）

（特別法人事業税又は地方法人特別税）	摘要	課税標準	税率/100	税額		⑳のうち見込納付額 ㉑	
	所得割に係る特別法人事業税額又は地方法人特別税額 53	11,988,00	260	3,116,800		差引⑳-㉑ ㉒	3,124,200
	収入割に係る特別法人事業税額又は地方法人特別税額 54					特別区分の課税標準額 ㉓	2,864,700,0
	合計特別法人事業税額又は地方法人特別税額53+54 55			3,116,800		同上に対する税額 10.4/100 ㉔	2,979,288
	56			3,116,800		市町村分の課税標準額 ㉕	
	57					同上に対する税額 2/100 ㉖	
	60			3,116,800	㊿のうち見込納付額 61	中間納付額 72	
	差60-61 62			3,116,800		還付請求 還付を受けようとする金融機関及び支払方法 口座番号（　）	

（所得金額の計算の内訳）

所得金額の計算の内訳	加算	所得金額（法人税の明細書（別表4）の(34)）又は個別所得金額（法人税の明細書（別表4の2付表）の(42)） 63	2,469,641,57
		損金の額に算入した所得税額及び復興特別所得税額 64	
		損金の額に算入した海外投資等損失準備金勘定への繰入額 65	
	減算	益金の額に算入した海外投資等損失準備金勘定からの戻入額 66	
		外国の事業に帰属する所得以外の所得に対して課された外国法人税額 67	
	仮計 63+64+65-66-67 68		2,469,641,57
	繰越欠損金額等若しくは災害損失金額又は債務免除等があった場合の欠損金額等の当期控除額 69		1,234,820,78
	法人税の所得金額（法人税の明細書（別表4）の(47)）又は個別所得金額（法人税の明細書（別表4の2付表）の(54)） 70		1,234,820,79

法第15条の4の徴収猶予を受けようとする税額 71

（道府県民税）	
法人税の期末現在の資本金等の額又は連結個別資本金等の額	5,000,000,0,0
法人税の当期の確定税額又は連結法人税個別帰属支払額	2,864,780,0
決算確定の日	・　・
解散の日	・　・
残余財産の最後の分配又は引渡しの日	・　・
申告期限の延長の処分（承認）の有無	事業税　有・無　法人税　有・無
この申告が中間申告の場合の計算期間	・　・
翌期の中間申告の要否	要・否
青色その他	国外関連者の有無　有・無

関与税理士署名押印　福留聡事務所（電話）

福留聡事務所　福留聡　03-6380-4698

| 均等割額の計算に関する明細書 | | | 事業年度 | 令和 1 年 10 月 1 日から
令和 2 年 9 月 30 日まで | 法人名 | 福留聡株式会社 |

事務所、事業所又は寮等(事務所等)の従業者数の明細		
東京都内における主たる 事務所等の所在地	事務所等を有し ていた月数	従業者数 の合計数
東京都文京区本郷2−25−6− 4061	月 12	人 10

市町村の存する 区域内における 従たる事務所等	名称 (外　箇所)		所在地
	(外　箇所)		

当該事業年度又は連結事業年度(算定期間)中の従たる事業所等の設置・廃止及び主たる事務所等の異動

異動区分	異動の 年月日	名称	所在地
設置			
廃止			
旧の主たる事務所等			
		(　月)	

特別区内における従たる事務所等				
所在地	名称 (外　箇所)	月数	従業者数 の合計数	
1	千代田区	(外　箇所)		人
2	中央区	(外　箇所)		
3	港区	(外　箇所)		
4	新宿区	(外　箇所)		
5	文京区	(外　箇所)		
6	台東区	(外　箇所)		
7	墨田区	(外　箇所)		
8	江東区	(外　箇所)		
9	品川区	(外　箇所)		
10	目黒区	(外　箇所)		
11	大田区	(外　箇所)		
12	世田谷区	(外　箇所)		
13	渋谷区	(外　箇所)		
14	中野区	(外　箇所)		
15	杉並区	(外　箇所)		
16	豊島区	(外　箇所)		
17	北区	(外　箇所)		
18	荒川区	(外　箇所)		
19	板橋区	(外　箇所)		
20	練馬区	(外　箇所)		
21	足立区	(外　箇所)		
22	葛飾区	(外　箇所)		
23	江戸川区	(外　箇所)		
合　計 (主たる事務所等の従業者数の合計数を含む。)			1 0

均等割額の計算

区分			税率 (年額) (ア)	月数 (イ)	税額計算 $((ア)×\frac{(イ)}{12}×(ウ))$
特別区のみに事務所等を有する場合	主たる事務所等所在の特別区	事務所等の従業者数 50人超　①	円	月	円
		事務所等の従業者数 50人以下②	290000	12	290000
	従たる事務所等所在の特別区	事務所等の従業者数 50人超　③			
		事務所等の従業者数 50人以下④			
特別区と市町村に事務所等を有する場合	道府県分　⑤				
	特別区 (市町村分)	事務所等の従業者数 50人超　⑥			
		事務所等の従業者数 50人以下　⑦			
納付すべき均等割額 ①+②+③+④又は⑤+⑥+⑦　⑧					290000
備考					

※処理事項	整理番号	事務所	区分	管理番号	申告区分

法人名	福留聡株式会社

法人番号	
事業年度	令和 1 年 10 月 1 日から 令和 2 年 9 月 30 日まで

付加価値額及び資本金等の額の計算書

1．付加価値額及び資本金等の額の計算

付加価値額の計算

区分			金額
収益配分額の計算	報酬給与額 別表5の2の2㉝又は別表5の3⑫	①	90000000
	純支払利子 別表5の2の2㉞又は別表5の4③	②	
	純支払賃借料 別表5の2の2㉟又は別表5の5③	③	24000000
	収益配分額 ①+②+③	④	114000000
単年度損益 第6号様式㉚又は別表5㉔		⑤	246964157
付加価値額 ④+⑤		⑥	360964157
収益配分額のうちに報酬給与額の占める割合 ①／④		⑦	79 ％
雇用安定控除額の計算	控除額 ④×70/100	⑧	79800000
	雇用安定控除額 ①-⑧	⑨	10200000
雇用者給与等支給増加額 別表5の6の2㉗		⑩	
課税標準となる付加価値額 ⑥-⑨-⑩		⑪	350764157

資本金等の額の計算

区分		金額
資本金等の額 下表㉔若しくは下表3㉔又は別表5の2の3②、別表5の2の3㉗若しくは別表5の2の3㉙	⑫	500000000
当該事業年度の月数	⑬	12 月
⑫×⑬/12	⑭	500000000
控除額計 別表5の2の3⑫、別表5の2の3㉛若しくは別表5の2の3㊱又は別表5の2の4⑩	⑮	
差引 ⑭-⑮	⑯	500000000
⑯のうち1,000億円以下の金額	⑰	500000000
⑯のうち1,000億円を超え5,000億円以下の金額 ×50/100	⑱	0
⑯のうち5,000億円を超え1兆円以下の金額 ×25/100	⑲	0
課税標準となる資本金等の額 ⑰+⑱+⑲	⑳	500000000

2．資本金等の額の明細

区分		期首現在の金額 ㉑	当期中の減少額 ㉒	当期中の増加額 ㉓	差引期末現在の金額 (㉑-㉒+㉓) ㉔
資本金の額又は出資金の額	1	500000000			500000000
資本金の額及び資本準備金の額の合算額	2	500000000			500000000
法人税の資本金の額又は連結個別資本金等の額	3	500000000			500000000

期中に金額の増減があった場合の理由等	

※処理事項	整理番号	事務所	区分	管理番号	申告区分

法人番号		
事　業年　度	令和 1 年 10 月 1 日から	令和 2 年 9 月 30 日まで

法 人 名	福留聡株式会社

報 酬 給 与 額 に 関 す る 明 細 書

役 員 又 は 使 用 人 に 対 す る 給 与

事務所又は事業所		期末の従業者数	給与の額	備　考
名称	所在地			
本社	東京都文京区本郷2-25-6-4061	10 人	90,000,000 円	
小　計	①		90,000,000	
加 算 又 は 減 算	②			
計（①+②）	③		9 0,0 0 0,0 0 0 円	

役 員 又 は 使 用 人 の た め に 支 出 す る 掛 金 等

退職金共済制度に基づく掛金	1	円	適格年金返還金額のうち厚生年金基金への事業主払込相当額	11	円
確定給付企業年金に係る規約に基づく掛金又は保険料	2		適格年金返還金額のうち確定給付企業年金基金への事業主払込相当額	12	
企業型年金規約に基づく事業主掛金	3		適格年金返還金額のうち他の適格年金への事業主払込相当額	13	
個人型年金規約に基づく掛金	4		適格年金返還金額のうち特定退職金共済への事業主払込相当額	14	
勤労者財産形成給付金契約に基づく信託金等	5		適格年金の要留保額移管の場合における資産価額相当額	15	
勤労者財産形成基金契約に基づく信託金等	6		適格年金返還金額のうち企業型年金の個人別管理資産への事業主払込相当額	16	
厚生年金基金の事業主負担の掛金及び徴収金 8-9	7		適格年金返還金額のうち企業型年金の過去勤務債務等に充てる事業主払込相当額	17	
事業主として負担する掛金及び負担金の総額	8		小計　11+12+13+14+15+16+17	⑤	
代行相当部分	9				
適格退職年金契約に基づく掛金及び保険料	10				
小計　1+2+3+4+5+6+7+10	④		計　（④-⑤）	⑥	

労 働 者 派 遣 等 に 係 る 金 額 の 計 算

労働者派遣等を受けた法人			労働者派遣等をした法人		
派遣元に支払う金額の合計　別表5の3の21	⑦	円	派遣労働者等に支払う報酬給与額の合計　別表5の3の22	⑨	円
⑦×$\frac{75}{100}$	⑧		派遣先から支払を受ける金額の合計　別表5の3の23	⑩	
			⑨－$\left(⑩×\frac{75}{100}\right)$	⑪	
報酬給与額の計算（③+⑥+⑧+⑪）	⑫		9 0,0 0 0,0 0 0 円		

213

※ 処理 事項	整理番号	事務所	区分	管 理 番 号	申告 区分

法 人 名	福留聡株式会社	法人番号						
		事 業 年 度	令和	1 年	10 月	1 日から		
			令和	2 年	9 月	30 日まで		

純支払利子に関する明細書

支 払 利 子

区 分	借 入 先		期中の支払利子額	借入金等の期末現在高	備 考
	氏名又は名称	住所又は所在地			
			円	円	
計 ①			兆 十億 百万 千 円		

受 取 利 子

区 分	貸 付 先		期中の受取利子額	貸付金等の期末現在高	備 考
	氏名又は名称	住所又は所在地			
			円	円	
計 ②			兆 十億 百万 千 円		

純支払利子の計算（①－②） ③	兆 十億 百万 千 円

214

※処理事項	整理番号	事務所	区分	管理番号	申告区分

法人名	福留聡株式会社

法人番号						
事業年度	令和	1 年	10 月	1 日から		
	令和	2 年	9 月	30 日まで		

第六号様式別表五の五

純 支 払 賃 借 料 に 関 す る 明 細 書

支 払 賃 借 料

土 地 の 用 途 又 は 家 屋 の 用 途 若 し く は 名 称 所　在　地	貸 主 の 氏 名 又 は 名 称 住 所 又 は 所 在 地	契 約 期 間	期中の支払賃借料	備　考
事務所 東京都文京区本郷2-25-6-4061		令和 1 年 10 月 1 日から 令和 2 年 9 月 30 日まで	24,000,000 円	
		年 月 日から 年 月 日まで		
		年 月 日から 年 月 日まで		
		年 月 日から 年 月 日まで		
		年 月 日から 年 月 日まで		
		年 月 日から 年 月 日まで		
		年 月 日から 年 月 日まで		
		年 月 日から 年 月 日まで		
		年 月 日から 年 月 日まで		
計		①	24000000	

受 取 賃 借 料

土 地 の 用 途 又 は 家 屋 の 用 途 若 し く は 名 称 所　在　地	借 主 の 氏 名 又 は 名 称 住 所 又 は 所 在 地	契 約 期 間	期中の受取賃借料	備　考
		年 月 日から 年 月 日まで	円	
		年 月 日から 年 月 日まで		
		年 月 日から 年 月 日まで		
		年 月 日から 年 月 日まで		
		年 月 日から 年 月 日まで		
		年 月 日から 年 月 日まで		
		年 月 日から 年 月 日まで		
		年 月 日から 年 月 日まで		
		年 月 日から 年 月 日まで		
計		②		

純支払賃借料の計算（①-②）	③	24000000

215

欠損金額等及び災害損失金の控除明細書

事業年度	令和 1 ・ 10 ・ 1 令和 2 ・ 9 ・ 30	法人名	福留聡株式会社

控 除 前 所 得 金 額 第6号様式⑱−(別表10⑨又は㉑)	①	円 246,964,157	所 得 金 額 控 除 限 度 額 ①× 50又は100 / 100	②	円 123,482,078

事 業 年 度	区 分	控除未済欠損金額等又は 控除未済災害損失金③	当 期 控 除 額 ④ (当該事業年度の③と(②− 当該事業年度前の④の合計額) のうち少ない金額)	翌 期 繰 越 額 ⑤ ((③−④)又は別表11⑰)
	欠損金額等・災害損失金	円	円	円
平成25年10月 1日 平成26年 9月30日	欠損金額等・災害損失金	145,473,532	123,482,078	21,991,454
	欠損金額等・災害損失金			
	欠損金額等・災害損失金			
	欠損金額等・災害損失金			
	欠損金額等・災害損失金			
	欠損金額等・災害損失金			
	欠損金額等・災害損失金			
	欠損金額等・災害損失金			
	欠損金額等・災害損失金			
計		145,473,532	123,482,078	21,991,454
当期分	欠 損 金 額 等 ・ 災 害 損 失 金			
同上のうち	災 害 損 失 金			円
	青 色 欠 損 金			
合 計				21,991,454

災 害 に よ り 生 じ た 損 失 の 額 の 計 算

災 害 の 種 類			災害のやんだ日又は やむを得ない事情の やんだ日		
当 期 の 欠 損 金 額	⑥	円	差引災害により生じ た損失の額(⑦−⑧)	⑨	円
災害により生じた損 失の額	⑦		繰越控除の対象とな る損失の額(⑥と⑨ のうち少ない金額)	⑩	
保険金又は損害賠償 金等の額	⑧				

※処理事項	整理番号	事務所	区分	管理番号	申告区分
	法人番号				

法人名	福留聡株式会社	事業年度	令和 1 年 10 月 1 日から 令和 2 年 9 月 30 日まで

基準法人所得割額及び基準法人収入割額に関する計算書

1．基準法人所得割額の計算

	摘　　　要		所得割の課税標準	税率(100)	基準法人所得割額
所	所　得　金　額　総　額	①	1,234,820,79		
	年 400 万 円 以 下 の 金 額	②	4,000,00,0	0.4	1,600,0
得	年 400 万円を超え年 800 万円以下の金額	③	4,000,00,0	0.7	2,800,0
	年 800 万 円 を 超 え る 金 額	④	1,154,820,0,0	1	1,154,80,0
割	計　　②＋③＋④	⑤	1,234,820,0,0		1,198,80,0
	軽 減 税 率 不 適 用 法 人 の 金 額	⑥			

2．基準法人収入割額の計算

	摘　　　要		収入割の課税標準	税率(100)	基準法人収入割額
収入割	収　入　金　額　総　額	⑦			
	収　　入　　金　　額	⑧			

図表13-1　税効果シート① 税効果計算に関するワークシート

会社名:	福留聡株式会社
事業年度:	令和2年9月期

項目	A：前期末残高 ＝別表五（一）期首 現在利益積立金額	B：加算 ＝別表五（一） 当期の増減の増	C：減算 ＝別表五（一） 当期の増減の減	D：期末残高 ＝別表五（一）差引翌 期首現在利益積立金額
賞与引当金	10,000,000	20,000,000	10,000,000	20,000,000
貸倒引当金（流動）	1,500,000	1,500,000	1,500,000	1,500,000
未払事業税（注1）	0	11,577,200	0	11,577,200
繰越欠損金（注2）	145,473,532		123,482,078	21,991,454
退職給付引当金	60,000,000	10,000,000	20,000,000	50,000,000
役員退職慰労引当金	8,000,000	2,000,000		10,000,000
土地減損損失	0	100,000,000	0	100,000,000
減価償却超過額（建物）	0	1,000,000		1,000,000
減価償却超過額（工具器具備品）	0	335,000		335,000
貸倒引当金（固定）	0	2,000,000	0	2,000,000
小計	224,973,532	148,412,200	154,982,078	218,403,654
その他有価証券評価差額金	(8,000,000)	(10,000,000)	(8,000,000)	(10,000,000)
合計	(8,000,000)	(10,000,000)	(8,000,000)	(10,000,000)

(注1) 未払事業税の金額は，別表五（一）をもとに計算した金額又は納付税額一覧表又は事業税・都道府県民税内訳
　　 表から転記する。

(注2) 繰越欠損金の金額は，別表七（一）から転記する。

(注3) 前期末の数字は，前期末の開示用ではなく，当期の仕訳作成，図表2-5 税効果プルーフに関するワークシート
　　 の評価性引当額の増加額算定のために参考として作成している。

Ⅰ会計処理（令和2年9月期）

(1) その他包括利益項目以外の税効果仕訳

①前期計上額の取崩	法人税等調整額	68,886,895	繰延税金資産	68,886,895
②当期分の計上	繰延税金資産	35,946,174	法人税等調整額	35,946,174

(2) その他包括利益項目の税効果仕訳

①前期計上額の取崩	その他有価証券評価差額金	5,550,400	投資有価証券	8,000,000
	繰延税金負債	2,449,600		
②当期分の計上	投資有価証券	10,000,000	その他有価証券評価差額金	6,938,000
			繰延税金負債	3,062,000

Ⅱ会計処理（令和2年9月期）－Ⅰの複合仕訳

(1) その他包括利益項目以外の税効果仕訳

Ⅰ会計処理（令和2年9月期）の①＋②	法人税等調整額	32,940,721	繰延税金資産	32,940,721

(2) その他包括利益項目の税効果仕訳

Ⅰ会計処理（令和2年9月期）の①＋②	投資有価証券	2,000,000	その他有価証券評価差額金	1,387,600
			繰延税金負債	612,400

（単位：円）

E：評価性引当額控除前繰延税金資産 =D．期末残高×30.62%	F：回収不能一時差異	G：評価性引当額 =F：回収不能一時差異×30.62%	H：評価性引当額控除後一時差異= D+F	I：開示ベースの繰延税金資産 =G×30.62%	
6,124,000	0	0	20,000,000	6,124,000	
459,300	0	0	1,500,000	459,300	
3,544,939	0	0	11,577,200	3,544,939	
6,733,783	0	0	21,991,454	6,733,783	
15,310,000	0	0	50,000,000	15,310,000	
3,062,000	(1,000,000)	(306,200)	9,000,000	2,755,800	
30,620,000	(100,000,000)	(30,620,000)	0	0	
306,200	0	0	1,000,000	306,200	
102,577	(9,225)	(2,825)	325,775	99,752	
612,400	0	0	2,000,000	612,400	
66,875,199	(101,009,225)	(30,929,025)	117,394,429	35,946,174	②
(3,062,000)	0	0	(10,000,000)	(3,062,000)	
(3,062,000)	0	0	(10,000,000)	(3,062,000)	④

期末将来減算一時差異合計	196,412,200	
繰延税金資産	35,946,174	①
繰延税金負債	(3,062,000)	②
開示　繰延税金資産	32,884,174	③=①+②
法人税等調整額	32,940,721	④=①′－①

（注3）　（参考：前期末）　　　　　　　　　　　　　　　（単位：円）

J：前期末評価性引当額控除前繰延税金資産 =A×30.62%	K：前期末評価性引当額 = 回収不能一時差異×30.62%	L：前期末の開示ベースの繰延税金資産=J+K	
3,062,000		3,062,000	
459,300		459,300	
0		0	
44,543,995		44,543,995	
18,372,000		18,372,000	
2,449,600		2,449,600	
0		0	
0		0	
0	'	0	
0		0	
68,886,895	0	68,886,895	②′
(2,449,600)		(2,449,600)	
(2,449,600)		(2,449,600)	④′

期末将来減算一時差異合計	79,500,000		
繰延税金資産	68,886,895	①′	前期末B/Sと一致確認
繰延税金負債	(2,449,600)	②′	
開示 繰延税金資産	66,437,295	③′=①′+②′	前期末B/Sと一致確認

図表 13-2　税効果シート②　法定実効税率算定に関するワークシート

会社名：	福留聡株式会社
事業年度：	令和2年9月期

都道府県	東京都
区市町村	文京区
資本金（円）	500,000,000
資本金等（円）	500,000,000
法人税率	23.20%
地方法人税率	10.30%
県（都）民税率	10.40%
市民税率	
小計　住民税率	20.70%
事業税率（超過税率）	1.18%
事業税率（標準税率）	1.00%
特別法人事業税率	260.00%
小計　事業税率	3.78%
2019（H31年）／10月〜法定実効税率	30.62%

図表 13-3　税効果シート③　繰延税金資産の回収

会社名：	福留聡株式会社
事業年度：	令和2年9月期

単位：円
企業会計基準適用指針第26号　会社の過去の課税所得並びに将来減算一時差異と将来の

	平成29年 9月期	平成30年 9月期	令和1年 9月期
課税所得（繰越欠損金控除前で臨時的な原因により生じたものを除く）	50,000,000	50,000,000	200,000
課税所得（繰越欠損金控除前）	53,000,000	58,000,000	(145,473,532)
将来減算一時差異	60,000,000	65,000,000	28,333,800
繰越欠損金	0	0	145,473,532
将来の一時差異等加減算前課税所得見積額	N/A	N/A	N/A

企業会計基準適用指針第26号分類　　　　　　　3

可能性　会社分類判定に関するワークシート

一時差異等加減算前課税所得見積額の推移

令和2年 9月期	令和3年 9月期	令和4年 9月期	令和5年 9月期	令和6年 9月期	令和7年 9月期
246,964,157	N/A	N/A	N/A	N/A	N/A
246,964,157	N/A	N/A	N/A	N/A	N/A
196,412,200	N/A	N/A	N/A	N/A	N/A
21,991,454	N/A	N/A	N/A	N/A	N/A
N/A	111,523,445	111,600,127	111,666,610	111,724,251	111,100,000

会社名：	福留聡株式会社
事業年度：	令和2年9月期

企業会計基準適用指針第26号分類3→概ね5年以内のスケジューリングの範囲内で回収可能

項目		当期末残	解消予測		
			令和3年 9月期	令和4年 9月期	令和5年 9月期
課税所得①		実効税率	30.62%	30.62%	30.62%
	税引前当期純利益		100,000,000	100,000,000	100,000,000
	損金不算入項目（交際費）				
	損金不算入項目（寄附金）		100,000	100,000	100,000
	益金不算入項目（受取配当金）				
	退職給付引当金		10,000,000	10,000,000	10,000,000
	減価償却超過額（建物）		1,000,000	1,000,000	1,000,000
	減価償却超過額（工具器具備品）		423,445	500,127	566,610
	その他恒常的加減算項目		17,044,600		
	小計 将来加算一時差異の解消予定額		128,568,045	111,600,127	111,666,610
	タックスプランニング（土地売却等）　ア				
	その他調整				
	課税所得①　合計　　A		128,568,045	111,600,127	111,666,610

スケジューリング表に関するワークシート

（単位：円）

令和6年9月期	令和7年9月期	5年超解消	記載要領
30.62%	30.62%		
100,000,000	100,000,000		経営計画数値を記載。
100,000	100,000		経営計画に織り込んでいる寄附金をもとに損金不算入額を推定し5年分記載。
10,000,000	10,000,000		経営計画に織り込んでいる退職給付費用を戻し5年分記載。
1,000,000	1,000,000		5年間の償却超過予定額を記載。
624,251			5年間の償却超過予定額を記載。
			左記は流動分の賞与引当金（法定福利費含む），事業税外形標準（税前利益から開始のため所得割除く）の合計。流動分の賞与引当金（法定福利費含む）はスケジューリング表の減算額とほぼ同額の加算と考え記載，事業税はスケジューリング表が税前利益から始まるためここは計画の外形標準課税分を加算，2期以降は流動項目は加算減算ほぼ同額と考え調整しない。
111,724,251	111,100,000		
111,724,251	111,100,000		

項目		当期末残	解消予測		
			令和3年 9月期	令和4年 9月期	令和5年 9月期
将来減算一時差異解消額					
	賞与引当金	10,000,000	10,000,000		
	貸倒引当金（流動）	1,500,000	300,000	300,000	300,000
	未払事業税	11,577,200	11,577,200		
	退職給付引当金	60,000,000	10,000,000	10,000,000	10,000,000
	減価償却超過額（建物）	1,000,000			
	減価償却超過額（工具器具 備品）	335,000			
	役員退職慰労引当金	10,000,000	2,000,000		
	土地減損損失	100,000,000			
	貸倒引当金（固定）	2,000,000		2,000,000	
	計　　　　　　　　B	196,412,200	33,877,200	12,300,000	10,300,000
	回収可能額　　　　C	84,402,975	33,877,200	12,300,000	10,300,000
	回収不能・繰越欠損金発生　イ		—	—	—
	差引　課税所得②　　ウ		94,690,845	99,300,127	101,366,610

令和6年 9月期	令和7年 9月期	5年超解消		記載要領
		—	OK	
300,000	300,000	—	OK	
		—	OK	
10,000,000	10,000,000	10,000,000	長期項目	長期解消項目。会社負担年金掛金拠出額と一時金支払額の合計，分類3の場合，年金掛金拠出額は5年間の拠出予定額，一時金支払額は定年支給予定額を5年間分記載，企業会計基準適用指針第26号102項に従い，（分類3）に該当する企業において，将来の合理的な見積可能期間（概ね5年）を超えた期間における解消見込年度が長期にわたる将来減算一時差異の取扱いについては，当該取扱いが検討された過去の経緯を踏まえ，監査委員会報告第66号における取扱いを踏襲し，5年間のスケジューリングを行った上で，その期間を超えた年度であっても最終解消年度までに解消されると見込まれる退職給付引当金は回収可能。
		1,000,000	長期項目	長期解消項目。企業会計基準適用指針第26号102項に従い，（分類3）に該当する企業において，将来の合理的な見積可能期間（概ね5年）を超えた期間における解消見込年度が長期にわたる将来減算一時差異の取扱いについては，当該取扱いが検討された過去の経緯を踏まえ，監査委員会報告第66号における取扱いを踏襲し，建物の減価償却の償却超過額は，5年間のスケジューリングを行った上で，その期間を超えた年度であっても最終解消年度までに解消されると見込まれるは回収可能。
	325,775	9,225	スケジューリング不能	スケジューリングを行い，解消年度に記入する。
6,000,000	1,000,000	1,000,000	スケジューリング不能	内規に従った解消年度に記入する。企業会計基準適用指針第26号106項に従い，役員退職慰労引当金に係る将来減算一時差異については，スケジューリングの結果に基づいて繰延税金資産の回収可能性を判断するものであり，退職給付引当金や建物の減価償却超過額のように将来解消見込年度が長期となる将来減算一時差異には該当しない。
		100,000,000	スケジューリング不能	売却計画経たない限りスケジューリング不能。
		—	OK	固定貸倒引当金は返済予定表あれば返済スケジュールに従い入力する。
16,300,000	11,625,775			
16,300,000	11,625,775			年度ごとに 一時差異解消予定額（B）が課税所得（A）以下の場合はBの金額。 一時差異解消予定額（B）が課税所得（A）以上の場合はAの金額。
—	—			
95,424,251	99,474,225			A＞Cの場合のみ，課税所得（A）－回収可能額（C）を記入

項目		当期末残	解消予測		
			令和3年9月期	令和4年9月期	令和5年9月期
	（スケジューリング不能額）　エ 減価償却超過額（工具器具備品）	9,225			
	役員退職慰労引当金	1,000,000			
	土地減損損失	100,000,000			
	計　　　　　　　　　　　　D	101,009,225			
繰越欠損金　　　　　　　　　　　オ					
	当期末残	21,991,454	—	—	—
	令和3年9月期		—	—	—
	令和4年9月期				
	令和5年9月期				
	令和6年9月期				
	令和7年9月期				
	未回収残高　　　　　　　　E	21,991,454	—	—	—
	回収可能額　　　　　　　　F	21,991,454	21,991,454	—	—
	回収不能額　　　　　　　　G				
（繰延税金資産）					
資産計上	回収可能額	106,394,429	（＝C＋F）		
	長期解消項目一時差異　　　カ	11,000,000			
	回収可能額　合計	117,394,429	（＝B－D＋E）		
	税率	30.62%	（繰延税金負債考慮前）		
	金額	35,946,174			
資産未計上	回収不能額	101,009,225	（＝D＋G）		
	税率	30.62%			
	金額	30,929,025	（評価性引当額と一致）		

令和6年 9月期	令和7年 9月期	5年超解消	記載要領
			分類3の場合，5年内の減算認容が見込まれないものがあれば，記載
			分類3の場合，5年内の減算認容が見込まれないものがあれば，記載
			分類3の場合，5年内の減算認容が見込まれないものがあれば，記載
−	−		上記課税所得の発生している年度に充当をしていく。大法人は，平成30年4月1日以後に終了した事業年度において生じた欠損金額からウ差引　課税所得②の50％の控除制限がある。
−	−		上記課税所得の発生している年度に充当をしていく。大法人は，平成30年4月1日以後に終了した事業年度において生じた欠損金額からウ差引　課税所得②の50％の控除制限がある。
−	−		
−	−		充当できた金額を記入していく（1番左はその合計が記載される）。大法人は，平成30年4月1日以後に終了した事業年度において生じた欠損金額からウ差引　課税所得②の50％の控除制限がある。
			分類3の場合，上記で退職給付引当金及び建物減価償却超過額は，5年間のスケジューリングを行い，回収可能な場合のみ5年超分を回収可能として記載する。

会社名：	福留聡株式会社
事業年度：	令和2年9月期

税引前当期純利益				P/L	132,955,400
永久差異					
寄附金				別表四	129,157
計					133,084,557
					↓×30.62%
					40,750,491
住民税均等割額				納税一覧表	290,000
計					41,040,491
評価性引当額の増加額	前期	0	シート①		30,929,025
	当期	30,929,025	シート①		
計（期待値）					71,969,516
計上額					
法人税，住民税及び事業税				P/L	39,400,200
法人税等調整額				P/L	32,940,721
計					72,340,921
差異					371,405
差異率					0.5%
判定					○重要な差異なし

プルーフに関するワークシート

（単位：円）　税率差異の開示

法定実効税率		30.62%	30.6%	法定実効税率
×30.62%	39,548	0.03%	0.0%	寄附金等永久に損金に算入されない項目
×100%＝	290,000	0.22%	0.2%	住民税均等割等
×100%＝	30,929,025	23.26%	23.3%	評価性引当額の増加
その他		0.28%	0.3%	その他
		54.41%	54.4%	税効果会計適用後の法人税等の負担率

図表13-6 税効果シート⑥ 繰延税金資産及び繰延税金負債の発生の主な原因別の内訳 注記に関するワークシート

会社名：	福留聡株式会社
事業年度：	令和2年9月期

（単位：円）

項目	E：評価性引当額控除前繰延税金資産＝D．期末残高×30.62%	G：評価性引当額＝F：回収不能一時差異×30.62%	I：開示ベースの繰延税金資産＝E＋G
賞与引当金	6,124,000		6,124,000
貸倒引当金（流動）	459,300		459,300
未払事業税	3,544,939		3,544,939
繰越欠損金	6,733,783		6,733,783
退職給付引当金	15,310,000		15,310,000
役員退職慰労引当金	3,062,000	(306,200)	2,755,800
土地減損損失	30,620,000	(30,620,000)	0
減価償却の償却超過額（建物）	306,200		306,200
減価償却の償却超過額（工具器具備品）	102,577	(2,825)	99,752
貸倒引当金（固定）	612,400		612,400
小計	66,875,199	(30,929,025)	35,946,174
その他有価証券評価差額金	(3,062,000)	0	(3,062,000)
合計	(3,062,000)	0	(3,062,000)

（繰延税金資産及び繰延税金負債の発生の主な原因別の内訳の開示）

令和2年9月期現在　　　　　　　　（単位：円）

繰延税金資産		
賞与引当金	6,124,000	E
未払事業税	3,544,939	E
税務上の繰越欠損金	6,733,783	E
退職給付引当金	15,310,000	E
役員退職慰労引当金	3,062,000	E
固定資産減損損失	30,620,000	E
減価償却超過額	408,777	E
貸倒引当金	1,071,700	E
繰延税金資産小計	66,875,199	E合計
税務上の繰越欠損金に係る評価性引当金額	0	
将来減算一時差異等の合計に係る評価性引当金額	(30,929,025)	
評価制引当額小計	(30,929,025)	G合計
繰延税金資産合計	35,946,174	I合計に一致
繰延税金負債		
その他有価証券評価差額金	(3,062,000)	E
繰延税金資産の純額	32,884,174	

図表13-7　税効果シート⑦　税務上の繰越欠損金及びその繰延税金資産の繰越期限別の金額に関するワークシート

会社名：	福留聡株式会社
事業年度：	令和2年9月期

税務上の繰越欠損金及びその繰延税金資産の繰越期限別の金額　　　　　　　　　　　（単位：円）

	1年以内	1年超 2年以内	2年超 3年以内	3年超 4年以内	4年超 5年以内	5年超	合計
税務上の繰越欠損金	0	0	0	0	0	6,733,783	6,733,783
評価性引当額	0	0	0	0	0	0	0
繰延税金資産	0	0	0	0	0	6,733,783	6,733,783

（参考）

事業年度	繰越欠損金（別表七の一）	期限
H30.10.1～R1.9.30	21,991,454	令和10年9月30日
計	21,991,454	

税効果ベース

事業年度	繰越欠損金（別表七の一）	期限
H30.10.1～R1.9.30	6,733,783	令和10年9月30日
計	6,733,783	

著者紹介

福留　聡（ふくどめ　さとし）

【主な経歴】

公認会計士税理士ワシントン州米国公認会計士米国税理士　福留　聡　事務所所長

（日本・米国ワシントン州）公認会計士・（日本・米国）税理士・行政書士

有限責任開花監査法人パートナー

昭和51年，高知県生まれ広島県育ち。平成11年，慶應義塾大学商学部卒業。平成10年国家公務員Ⅰ種試験経済職合格。平成14年，公認会計士第二次試験合格後，監査法人トーマツ入所。平成18年，公認会計士第三次試験合格。その後，あずさ監査法人を経て，平成22年独立開業。平成22年米国公認会計士試験合格。平成26年米国税理士試験合格。平成30年有限責任開花監査法人設立。主に，監査法人で上場企業の監査業務を経験した後，現在は，日本及び海外証券取引所のIPO支援，財務デューディリジェンス，バリュエーション，上場企業の決算支援，IFRS導入支援，監査法人対応支援，IFRS・USGAAP・JGAAPのコンバージョン，US-SOX・J-SOXのコンバージョン，日米税務（法人，個人事業主の顧問及び相続税），セミナー，上場企業及びIPO準備企業の会計監査などを行っている。

【主な出版】

『経理業務を標準化する　ワークシート活用ガイド』（共著，中央経済社）

『7つのステップでわかる　税効果会計実務完全ガイドブック』（税務経理協会）

『7つのテーマがわかる　IFRS実務ガイドブック』（税務経理協会）

『公認会計士・税理士・米国公認会計士・米国税理士　資格取得・就職・転職・開業ガイドブック（改訂版）』（税務経理協会）

「旬刊経理情報」（中央経済社）や「企業実務」（日本実業出版社）に定期的に投稿している。

『IFRS講義シリーズ』，『連結納税税効果会計』，『企業再編会計』，法人税，連結納税，所得税，消費税，米国法人税，米国所得税，相続税＆贈与税，財産評価など各種入門，法人税，所得税，消費税，米国法人税，米国所得税，相続税など各種申告書作成入門ほか現在までDVD講義36作品が一般社団法人　日本士業協会から販売されている。

【連絡先等】

公認会計士税理士ワシントン州米国公認会計士米国税理士　福留　聡　事務所
連絡先
（電話番号）03-6380-4698，090-4894-1388
（メールアドレス）satoshifukudome.sf@gmail.com
（HP）http://cpasatoshifukudome.biz/
（アメブロ）http://ameblo.jp/satoshifukudome/

著者との契約により検印省略

平成 26 年 10 月 1 日	初版第 1 刷発行
平成 27 年 5 月 1 日	初版第 2 刷発行
平成 27 年 9 月 1 日	初版第 3 刷発行
平成 28 年 4 月 1 日	初版第 4 刷発行
平成 29 年 3 月 1 日	初版第 5 刷発行
平成 29 年 11 月 30 日	初版第 6 刷発行
令和 2 年 6 月 30 日	改訂版第 1 刷発行

7つのステップでわかる
税効果会計実務入門
（改訂版）

著　　者	福　留　　　聡	
発 行 者	大　坪　克　行	
印 刷 所	美研プリンティング株式会社	
製 本 所	牧製本印刷株式会社	

発 行 所　〒161-0033　東京都新宿区
　　　　　下落合2丁目5番13号

株式
会社　税 務 経 理 協 会

　　　　　振替　00190-2-187408
　　　　　FAX（03）3565-3391

電話（03）3953-3301（編集部）
　　　（03）3953-3325（営業部）

URL　http://www.zeikei.co.jp/
乱丁・落丁の場合は，お取替えいたします。

Ⓒ　福留　聡　2020　　　　　　　　　　　　　　Printed in Japan

ISBN978－4－419－06733－5　C3034